Siegfried u. Inge Starck · Mit dem Apfel fing es an . . .

SIEGFRIED u. INGE STARCK

MIT DEM APFEL FING ES AN . . .

Auf der Suche nach dem verlorenen Glück

Illustriert von Adrian u. Gudrun Cornford

ORION-HEIMREITER-VERLAG

Schutzumschlag: Adrian u. Gudrun Cornford · Darmstadt

CIP-Kurztitelaufnahme der Deutschen Bibliothek

Starck, Siegfried
Mit dem Apfel fing es an . . .: auf d. Suche nach d. verlorenen Glück / Siegfried u. Inge Starck.
– Heusenstamm bei Offenbach am Main: Orion-Heimreiter-Verlag, 1978.
ISBN 3-87588-107-9

NE: Starck, Inge:

Herstellung: Decker & Wilhelm,
Buch- und Offsetdruckerei GmbH, 6056 Heusenstamm

Unseren Freunden in Israel,
Lola und Jacques Rousseau

Inhalt

Vorwort

»Früher war alles anders – besser«, seufzt mancher Zeitgenosse. Kriege, Katastrophen, Krankheiten gibt es jedoch nicht erst seit gestern, sie sind so alt wie die Menschheit, . . . wie die Bibel. Aber unsere spezifischen Probleme heute wie Brutalität, Terror, Aggression, Existenzkampf etc.? Auch davon weiß dieses Buch, das nicht »von gestern«, ein Lied zu singen, ein recht trauriges sogar zuweilen. Wer sich auf Partituren versteht, vernimmt jedoch auch frohe Töne. Der Tenor liegt sogar auf dem letzteren, heißt es doch nicht umsonst »Frohbotschaft« und nicht »Drohbotschaft«; mit anderen Worten: Die Bibel ist ein Glücksbrevier, ein Vademecum, »Michelin« des Glücks. Und ihr Rezept? So einfach, wie schwierig zu beherzigen:Sei nicht egoistisch und du wirst glücklich; anders: Was du nicht willst, das man dir tu', das füg' auch keinem andern zu; noch anders: Du sollst deinen Nächsten lieben wie dich selbst. Daß Akzeptieren dieser Ordnung Glück, Zuwiderhandeln Unglück – Destruktion – bedeutet, dies wird in immer neuen Variationen, an stets anderen »Modellen« durchgespielt. Kains Mord, Jakobs Betrug provozieren der Betreffenden eigenes Unglück; dagegen Abrahams Freundlichkeit (im Streit mit Lot), Josefs Vergebung (seinen Brüdern) Frieden, Glück. Was für die Einzelkonstellation, gilt auch für größere: Die Sintflut und die Vernichtung Sodoms und Gomorrhas sind Muster für »größeres« Fehlverhalten, wobei durch die Gerechtigkeit das Vernichten Unschuldiger (Noah bzw. Lot) verhindert wird.

Ordnung gebiert also Ordnung und Unordnung Unordnung, was soviel heißt wie: Jeder trägt sein Paradies oder auch seine Hölle in sich selbst (die Möglichkeit zur Ab- wie Umkehr stets eingeschlossen).

Keine Ordnung ohne Ordnungs-Stiftenden; deshalb die Verankerung der Nächstenliebe – wo nicht an eine »höhere Ordnung« geglaubt wird, herrscht auch sonst selten »Ordnung« – in der Gottesliebe, daher die Religion als Rückkoppelung (re-ligio=Rückbindung): »gekoppelt« an Hingabe, Vertrauen, »ordentliches« Verhalten auf der einen, an Zu-neigung, Treue, Hilfe auf der anderen Seite (der Name Jesus bedeutet »Gott hilft«!). Das Musterbeispiel: Abraham, der nicht davor zurückschreckt, seinen eigenen Sohn zu opfern, wenn die »höhere Instanz« es will, die wiederum aus Zu-neigung dies nicht zuläßt.

Dies sind recht trockene, recht theoretische Überlegungen! Aber sie stammen ja auch von den Autoren und nicht . . . aus der Bibel. Ihr sind Theorien und Hypothesen fremd, sie erzählt lieber Geschichten von »Fleisch und Blut« (wobei weder das eine noch das andere zu kurz kommt); kein Wunder, wenn sie »blutvoll«! Dem haben die Autoren in ihrem

»Kommentar« durch »hautnahes« Reportieren, frisch vom Schauplatz, dem 1. Buche Mose, auf das sie sich beschränken, versucht, Rechnung zu tragen. Getreu dem Motto des Horaz, daß »Menschen lieber unterhalten als belehrt werden«, haben sie sich gestattet, »Belehrendes« in Unterhaltung (wobei auch die Unterhaltung mit Ihnen, verehrter Leser, nicht zu kurz kommen soll!) zu »verpacken«: Aus diesem Grund der (hoffentlich) heiter-hintergründige, bisweilen auch saloppe Ton. Eventuellen Feststellungen Ihrerseits (etwa, der Scherz lasse aber auch nach) sei es erlaubt, mit dem Hinweis zu begegnen, daß es möglicherweise der Schmerz mancher Geschichte bewirkt, daß der Scherz nachläßt; außerdem, daß an dem von den Chronisten zugrundegelegten Werk nicht nur ein Autor, Moses, sondern mehrere »gestrickt«[1] haben, was auch auf Chronisten-Stil nicht ohne Einfluß bleiben kann!

Und nun, verehrter Leser, viel Spaß bei der Lektüre. Vielleicht bekommen Sie wieder einmal Geschmack auf die Bibel. Es würde uns freuen.

Ein herzliches Dankeschön an dieser Stelle Frau Marianne Ullmann, die uns bei der technischen Fertigstellung des Manuskriptes geholfen hat.

Darmstadt, im April 1978

Siegfried und Inge Starck

1 Obwohl unter dem Namen »Fünf Bücher Mose« bekannt, ist Moses nur einer von mehreren Autoren, die namentlich unbekannt, weshalb man von verschiedenen Quellenschichten spricht, wie z. B. die Quellenschicht J. (aus dem 9. Jht. v. Chr.), E. (aus dem 8. Jht. v. Chr.), D. (aus dem 7. Jht. v. Chr.), P. (aus dem 5. Jht. v. Chr.).Der behandelte Stoff ist jedoch wesentlich älter: Die Paradiesesgeschichte z. B. hat sich nach jüd. Überlieferung etwa 4000 v. Chr. abgespielt; Abraham dürfte um 1900 v. Chr., Moses um 1400 v. Chr. gelebt haben. Zu berücksichtigen ist ferner, daß der schriftlichen Überlieferung, die im übrigen vor der endgültigen Redaktion oft erst in schriftlichen Teilsammlungen vorlag, zumeist eine lange mündliche Überlieferung vorausging.

I. Spurensicherung

»Und Gott sah, daß es gut war«

Zur Zeit, da Gott der Herr Erde und Himmel machte, war er bester Laune. Kein Wunder – denn alles war aus einem Guß: Aus dem häßlichen Entlein Erde war über Nacht eine bildschöne Frau geworden, ausgestattet mit allem, was dazugehört. Verführerische Rundungen wechselten da mit sanften Ebenen, Kraftvoll-Herbes mit Zerbrechlich-Lieblichem, Gewaltig-Imposantes mit Beschaulich-Verhaltenem.

Von Zeit zu Zeit ließ sie sich mit Spritzern himmlischen Parfums Marke »Eau de Ciel« erfrischen. Das wehende Haar föhnten die windigen Freunde, einmal zärtlich umschmeichelnd, ein ander Mal stürmisch fordernd – je nachdem, aus welcher Ecke sie gerade kamen.

Stets ging sie nach der neuesten Mode, gehörte sie doch zu den seltenen Wesen, die alles tragen können. Dies wußte sie natürlich; ihr Kleiderschrank verriet es. Je nach Jahreszeit wählte sie zarte Pastelltöne oder kräftigere, gesetztere Farben.Gern schlüpfte sie im Winter in einen weißen Pelzmantel, den sie im Sommer ins Meer gleiten ließ.

Mit der Technik des Universums war sie per du. Ihre Freundin Sonne strahlte, wann immer sie kam. Auch des Nachts war sie nicht allein, denn ihr Hausfreund Mond leistete ihr Gesellschaft. Manchmal war er allerdings verhindert. Er machte nämlich ab und zu Abmagerungskuren. Dann sah sie Sterne.

Gott der Herr war's zufrieden. Fürwahr, die Erde war schon ein schönes Geschöpf, in ihren Armen ließ sich leben und, um die Wahrheit zu sagen, nicht schlecht. Der Himmel hing voller Geigen.

Dies sollte sich jedoch bald ändern! Und das kam so.

Gott der Herr hatte nämlich eine weitere Idee: Er wünschte sich noch ein Tüpfelchen auf dem i. Überflüssig zu erwähnen, daß dies – bei Gott – stets ein Clou wird.

Mit Schöpferschwung griff er ins Volle, in einen Ackerboden, ein lehmiger war's. Natürlich erwischte er ein besonders gutes Stück; er nahm es in die Hand, betrachtete es liebevoll von allen Seiten, modellierte hier ein wenig, dort ein bißchen mehr, betrachtete es dann wieder, lächelte befriedigt und gab ihm – last not least – den zum Leben nötigen Klaps – und siehe da: Der erste Mensch. Sein klangvoller Name war schlicht »Mensch«, Adam. »Krone der Schöpfung« hieß es dann später – etwas weniger schlicht.

W a n n sich dies alles abgespielt hat – das wissen die Götter. Die Bibel hält sich hier vornehm zurück; wir tun es auch. Nur soviel: Ein paar Jahrtausende vor Christi Geburt dürften es schon gewesen sein.

Mit dem Jumbo-Jet in's Paradies

Wo sich dies alles abgespielt hat – darüber weiß man schon etwas mehr. Der erste Baedeker der Weltgeschichte gibt genaue Reiseinformationen: Es ist der bekannte Ort Eden mit den vier Flüssen: «der erste heißt Pison; das ist der, welcher das ganze Land Hawila umfließt, wo das Gold ist; und das Gold jenes Landes ist köstlich. Da findet man auch das Bdellionharz und den Edelstein Soham. Der zweite Fluß heißt Gihon; das ist der, welcher das ganze Land Kusch umfließt. Der dritte Fluß heißt Hiddekel (d.i. Tigris); das ist der, welcher östlich von Assur fließt. Der vierte Fluß ist der Euphrat« (1. Buch Mose, 2, 11-14).

Hier eine Karte[1]:

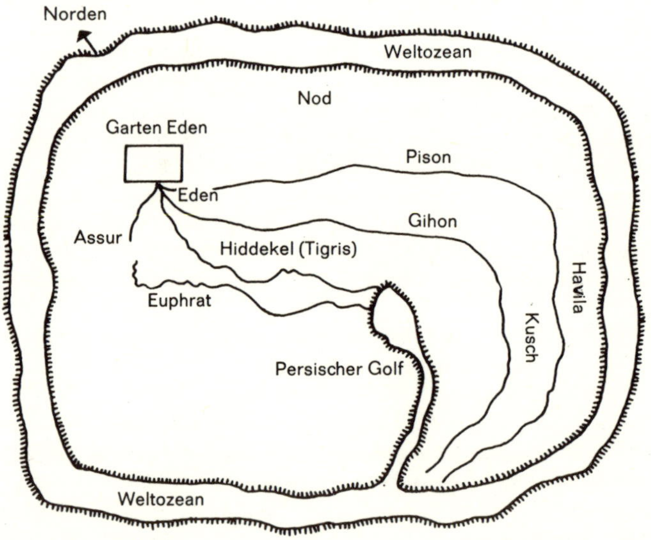

Land und Leute:

Der Charakter des Landes Eden spiegelt sich in seinem Namen und in seinen Bewohnern wider. Bedeutet Eden doch »Wonne«, und zwar nicht zu knapp. »Alle Herrlichkeit auf Erden« ist nicht zu viel versprochen. Hier herrscht das Motto: Come on, get happy!

1 Cornfeld/Botterweck; s. Anhang

Klima

Der Sommer ist heiß und trocken. Frühjahr und Herbst sind kühl und abends manchmal kalt. Neben Sommerkleidung werden warme Sachen empfohlen.

Verpflegung

Feinschmeckern sei der Fleischspieß »Döner Kebab« auf die Zunge gelegt. Auberginenfans werden »Imam Bayildi« (»der Imam fiel in Ohnmacht«) zu schätzen wissen. A propos Obst: Beißen Sie nicht gleich in jeden Apfel, denn es könnte der Adams-Apfel sein! Die Folgen kennen Sie ja: Durchfall, pardon, Sündenfall.

Souvenirs

Unser schon zitierter Baedeker nennt Soham-Edelsteine. Ob es sich dabei um Onyx oder den apfelgrünen Chalzedon handelt, mögen der Welt führende Juweliere Tiffany und Cartier entscheiden.

Auch von Bdellionharz ist die Rede, jenem wohlriechenden Harz, das von der Weinpalme gewonnen wird.

Wenn Sie Glück haben, erwischen Sie im Land Hawila (Karte siehe S. 14) ein Stückchen Gold, denn:

»das Gold jenes Landes ist köstlich«.

Reiserouten

13.35 mit Lufthansa ab Frankfurt/Main.
20.05 Ankunft in Ankara.
Von hier weiter per Flugzeug oder Bahn in die Hauptstadt der osttürkischen Provinz Armenien, Erzurum. Hier entspringt der (westliche) Euphrat, einer der vier Flüsse Edens.

Seit damals hat sich die Einwohnerzahl dieses Gebietes beträchtlich erhöht. Auch ein paar Moscheen und Kirchen sind hinzugekommen. Adam würde sich wundern; sicher auch über die Teppiche, die man dort knüpft, denn er kannte noch das Naturprodukt.

Besonderer Literaturhinweis:
Die Bibel.

Und damit überlassen wir Ihnen den Garten Eden. Sollten Sie Adam treffen – grüßen Sie ihn.

Auf Motiv-Suche

Entre nous: Haben Sie sich auch schon einmal gefragt, wie die Weltgeschichte verlaufen wäre, wenn Gott der Herr nicht die Idee gehabt hätte, noch einen weiteren Baum (Sie wissen schon, den mit den Äpfeln, auch unter dem Namen »Baum der Erkenntnis des Guten und des Bösen« bekannt) in den Garten zu stellen? Adam wird sich dies sicherlich auch gefragt haben. Die Antwort steht allerdings noch aus. Aber was soll's auch? Verschüttete Milch hat noch keinen satt gemacht! Eines ist sicher: Gott der Herr wird sich schon etwas dabei gedacht haben. Vielleicht kommen wir noch dahinter.

Was halten Sie von folgender Erklärung?

Es war einmal ein Vater, der hatte einen Sohn. Der Sohn tat alles, was der Vater wollte. Dies mißfiel dem Vater. Er wollte keine Marionette, an Drähten hampelnd, unselbständig; er wollte einen Menschen, auf eigenen Füßen stehend, selbständig. Freiheit hieß die Zauberformel, mit allem, was dazugehört. Daß dies nicht nur positive Folgen hat, wissen Sie genau so gut wie wir. Alles hat eben seinen Preis.

Auch Adam wußte das und noch einiges mehr, daß nämlich alles auf dem Spiele stand und das war – fast überflüssig zu erwähnen – nicht gerade wenig: Es war nur das Paradies.

Womit Adam spielte

»Es ist nicht gut, daß der Mensch allein sei«, so urteilte schon ein paar Jahre vor Freud jemand anders, (ohne Couch und ohne Honorar). Und sein Rezept lautet damals wie heute: Der Mensch braucht Beschäftigung. Fortgeschritten wie wir heute sind, brauchen wir natürlich einen wissenschaftlichen Begriff dafür. Wie heißt doch der terminus technicus? Beschäftigungstherapie, ach ja!

Heureka, sprach da Gott der Herr: Tiere müssen her, je mehr desto besser! Und Namen müssen erfunden werden, und zwar eine ganze Menge!

»... und ganz wie der Mensch sie nennen würde, so sollten sie heißen«.

Adams Vollbeschäftigung war damit aber noch keineswegs erreicht.

Doch nicht mehr lange sollte er darüber klagen müssen. Wie's im Leben so geht: Dafür sollte er bald andere Gründe zum Klagen bekommen. Aber immer langsam, hübsch der Reihe nach; noch ist es nicht so weit, denn Eva ist noch nicht von dieser Welt.

Chef-Reporter Moses ist ihr aber schon auf der Spur. Seine story mit näheren Einzelheiten (Adams Narkose, der Rippen-Eingriff) finden Sie in seinem Bestseller »Pentateuch«[1]. Von Moses wissen wir auch, wie Adam reagiert hat:

». . . endlich Gebein von meinem Gebein und Fleisch von meinem Fleisch. Sie soll Männin heißen; denn vom Mann ist sie genommen«.

Das waren noch Zeiten, finden Sie nicht auch? »Der kleine Unterschied« und »Der dressierte Mann« – dessen »Ende der Dressur« noch nicht abzusehen ist – waren noch in weiter Ferne.

Selbstverständlich mußte alles seine Ordnung haben; deshalb wurde schnell die Ehe eingeführt. Brautkleid, Frack und Zylinder waren damals noch nicht nötig, denn:

»der Mensch und sein Weib waren nackt und schämten sich nicht«.

An dieser Stelle können die Autoren nur schwer einen Seufzer unterdrükken. »O tempora, o mores«.

Exkurs: »Der kleine Unterschied«

Die Autoren haben das Gefühl, daß die erste Dame der Geschichte durch den schon erwähnten Berichterstatter Moses recht stiefmütterlich behandelt worden ist. Sie wollen versuchen, dies wieder gutzumachen. Sie erlauben sich daher einen Exkurs. Moses möge es verzeihen.

Auf der Suche nach dem kleinen Unterschied gelangten wir in das Reich, wo die Feinschmecker regieren. Dort fanden wir ihn und ein exquisites Menü dazu.

Adam – so stellten wir fest – ist häufig genug –pardon– wie ein Eintopf, Eva hingegen wie ein Menü, bestehend aus mehreren Gängen, bei dem vom Apéritif bis zum Dessert alles vorhanden ist: Wie wär's zum Goutieren mit einem Apéritif »Miss Eva«? Man nehme dazu: Ein Element »Ewig Weibliches«, ein paar Spritzer »oho«, ein bißchen »Mona-Lisa«, vermischt mit etwas »femme fatale«, schüttle das Ganze gut durch und – voilà: Ein Müder-Männer-Muntermacher, der sich sehen lassen kann!

Als »Entrée«: Vielleicht eine Lady Curzon mit einem Häubchen Esprit. Über Esprit mag man streiten, nicht aber über das Salz in der Suppe. Und nun vielleicht ein zartes Steak, natürlich rosa und nicht Rubens und nicht Twiggy, eher ein bißchen Sophia Loren mit einer Messerspitze schwarzen, scharfen Pfeffers und einem Hauch süßer Unschuld à la Gretchen; das Ganze flambiert in einer hochprozentigen Essenz geistiger Ingredienzen, die natürlich keinen bitteren Nachgeschmack hinterlassen sollten. Als Beiwerk »pommes Cocottes« – pardon: »pommes coquettes«. Und zum Des-

1 5 Rollen = die 5 Bücher Mose

sert vielleicht »caprice des dieux«. C'est si bon! Und natürlich etwas Süßes: Eisbombe würden wir nicht empfehlen – eher etwas leichter Verdauliches wie »omelette surprise« oder – nicht zu verachten – ein Soufflé: Leicht, lokker, luftig.

In der Hoffnung, Eva in ein besseres Licht gesetzt zu haben, gehen die Autoren beruhigt an's nächste Kapitel.

II. Das waren noch Zeiten

Durch's Schlüsselloch geguckt

Sie möchten wissen, wie Adam und Eva denn so gelebt haben, »vorher«, versteht sich. Wo sie gewohnt haben, hat sich ja mittlerweile herumgesprochen, aber wie, darüber ein paar Informationen mehr zu haben, könnte nicht schaden.

Der Meinung sind wir auch, deshalb haben wir Hofberichterstatter Moses interviewt. Seine Auskünfte erscheinen uns allerdings etwas mager; das einzige, was von ihm in Erfahrung zu bringen war, daß es »gut«, ja sogar »sehr gut« war. Das ist gut und schön, aber man möchte das doch etwas genauer wissen.

Deshalb starten die Autoren eine »Expedition ins Unbekannte«. Der verehrte Mitreisende wird gebeten, viel Phantasie in seinem Reisekoffer mitzunehmen, sonst können die Veranstalter das Risiko für das Unternehmen nicht übernehmen.

Also, sind Sie bereit? Dann kann es ja losgehen. Aber Psst, wir wollen die beiden überraschen und Adam schläft um diese Zeit noch.

Wieviel Uhr es ist? Diese Frage dürfen Sie schon so nicht mehr stellen, denn die große Zeitenverschiebung hat inzwischen stattgefunden und in der Zeit, in der wir uns jetzt befinden, gehen die Uhren anders. (Unter uns, Adam rechnet nach dem Stand der Sonne, nach Sonnenauf- und -untergang). Und wenn er noch schläft, dann ist es klar, wie spät es ist: Noch nicht so früh, daß es schon Tag ist und immer noch so spät, daß es noch Nacht ist, kompliziert, nicht? Keine Sorge, für Adam war es einfach.

Regt sich da nicht etwas? Nein, Adam legt sich nur auf die andere Seite. Bei Eva herrscht allerdings eine gewisse Bewegung, sie scheint wohl zu träumen, nach dem raschen Bewegen ihrer Augäpfel zu schließen. Wovon? Vielleicht davon, wie Gott der Herr sie aus einer simplen Rippe, auch wenn es die von Adam war, erschaffen hat. Wie er das wohl gemacht hat? Bei nächster Gelegenheit wird sie ihn einmal danach fragen. Wie sie ihn kennt, wird er auch diese Frage (und die beiden haben immer eine ganze Menge Fragen auf dem Herzen), geduldig und freundlich beantworten. Wie schön ist es doch, jemanden zu haben, den man alles fragen kann. Adam denkt darin wie sie.

Jetzt ist es aber an der Zeit, die beiden zu wecken, sonst verschlafen sie noch, und selbst, wenn es auch der Schlaf der Gerechten ist, den die beiden da schlafen: Alles hat auch im Paradies seine Zeit. Adam und Eva lassen sich übrigens wecken, geräuschlos, denn beide mögen's sanft. Wer sie weckt? Ganz einfach: Frau Sonne mit ein paar sanften Strahlen. Adam mag das sehr. Und manchmal tut er, als ob er noch schliefe und Frau Sonne geht zum Spaß darauf ein, bis aus dem Spiel dann Ernst wird und sie Adam endgültig »aus den Federn treibt«. Zum Dank für ihr Verständnis blinzelt Adam sie dann vergnügt an, Frau Sonne kniept dann zurück: Man kennt ja seine Pappenheimer; die beiden sind schon ein nettes Paar und es macht richtig Spaß mit ihnen; darum schnell das Badewasser im frischen Quellbad hinterm Haus ein wenig warm gemacht, allerdings nur ein bißchen, sonst werden die beiden verzärtelt und das kann nicht im Sinn der Paradieses-Ordnung sein.

Adam und Eva sind keine Morgen-Muffel. Morgenstund' hat für sie Gold im Mund. Morgengymnastik und allerlei kreislaufanregende Mittel haben sie nicht nötig, denn sie leben gesund und schlafen natürlich bei offenem Fenster, genauer gesagt, auch bei offener Tür, denn Adam und Eva bewohnen einen Bungalow aus massiven Zedernbäumen, in dem Wind und Wetter gern gesehene Gäste sind.

Das waren eben noch Zeiten.

Wenn Sie einverstanden sind, ziehen wir uns jetzt einen Moment zurück, bis Adam und Eva ihre Morgentoilette hinter sich haben. Falls Sie Lust haben, treffen wir uns dann auf dem morgendlichen Einkaufsbummel mit ihnen wieder. So long!

Mit Adams im Supermarkt

Da sind Sie ja! Adam und Eva erwarten Sie schon. Sie haben heute eine ganze Menge einzukaufen, sie haben nämlich Gäste, uns.

Zum nächsten Supermarkt ist es nicht weit, er liegt direkt vor der Haustür. Adams sind übrigens begeisterte Frisch-Produkt-Anhänger. Aus paradiesischen Landen frisch auf den Tisch, etwas anderes können sie sich gar nicht vorstellen. Adam läßt es sich nicht nehmen, Eva zu begleiten, denn schließlich will er wissen, was da auf den Tisch des Hauses kommt. Außerdem macht das Einkaufen großen Spaß, was sich neuerdings auch schon bei modernen Adams herumgesprochen zu haben scheint; Sie wissen, jene männlichen Wesen, die man da mit einem nicht zu übersehenden Ausdruck von Zufriedenheit stolz neben ihren Evas den Einkaufswagen – bei manchen sogar den Kinderwagen – vor sich herschieben sieht. Die E-Man-zipation ist eben weiter fortgeschritten, als man denkt. Doch Schluß mit dem Geschwätz, sonst verlieren wir die beiden noch.

Wartet ihr beiden, wir wollen euch doch begleiten.

Was gibt es denn heute im Angebot?

Wir sollen uns überraschen lassen? Nichts lieber als das. Wir sind allerdings mächtig gespannt. Zu Recht, wie sich herausstellt. Das Angebot ist

nämlich unerhört reichhaltig, so reichhaltig, daß jedes gestandene Hausfrauen-Herz unwillkürlich ein paar Takte höher schlägt . . . Da gibt es Maulbeerfeigen, Granatäpfel, Melonen, Aprikosen, Pflaumen, Feigen, Zitronen, Datteln, um nur ein paar Obstbeispiele zu nennen. Wenn Sie Gemüse mögen, kommen Sie ebenfalls voll auf Ihre Kosten: Erbsen, Kichererbsen, Lattich, Zichorie, Endivie, Zwiebeln, Gurken, Oliven und für Bohnenfans allein viererlei Arten von Bohnen. Wer »Milchiges« bevorzugt, der sei auf die erstklassigen Milchprodukte dieser Region hingewiesen, besonders die Ziegen- und Schafsmilch haben es »in sich«. Aus Ziegenmilch wird auch Butter und Sauerrahm hergestellt und natürlich der bekannte Ziegenkäse.

Der Fleischliebhaber[1] kommt auch nicht zu kurz: Das Fleisch von jungen Zicklein und, nicht zu vergessen, das Lammfleisch erfreuen sich großer Beliebtheit. Mit dem Schweinefleisch hat man es nicht so, man ist eben ein Gourmet und weiß, was gut ist.

Wenn es die Jahreszeit erlaubt, stehen Delikatessen wie Wachteln, Rebhühner und Tauben auf dem Speiseplan. Beinahe hätten wir es vergessen, Fische gibt es natürlich auch und das in jeder Formation: Schalen- und Krustentiere, Austern, große und kleine Krabben, auch die »Coquille Saint Jacques«, die berühmte Jakobsmuschel, bei deren Erwähnung Feinschmeckern und solchen, die es sein wollen, das Wasser im Munde zusammenläuft.

Außerdem gibt es noch Tiere, die es heute selbst bei Fauchon in Paris nicht mehr zu kaufen gibt. Gastrosoph Moses erwähnt einmal an anderer Stelle den Soleam, den Hargol und den Hagab, Heuschreckenarten (nicht die von der ägyptischen Plage), die wohl so ausgezeichnet gewesen sein müssen, daß man sie nicht den fernen Enkelkindern überlassen wollte.

Unser an solche Köstlichkeiten nicht mehr allzu gewöhnter Magen kann an dieser Stelle nicht umhin, einen posthumen Feinschmecker-Seufzer von sich zu geben, und traurig festzustellen, daß Eva uns durch ihre Apfelgeschichte die Suppe ganz schön versalzen hat. Und mit dem Auslöffeln von versalzenen Suppen ist das bekanntlich so eine Sache! Wenn es doch wenigstens nur ein Haar in der Suppe gewesen wäre!

Die Chronisten unterbrechen hier ihre trüben Gedankengänge – die Geschichte mit dem wurmstichigen Apfel kommt schließlich noch früh genug – und wenden sich wieder Adams Supermarkt zu. Sie haben Glück, sie er-

1 Ob schon Adam und Eva es gewesen sind, lassen die Autoren – zurückhaltend, wie sie nun einmal sind – offen. Nach Mos. 1, 29-30 scheint sogar das Gegenteil der Fall gewesen zu sein. Doch ungeduldig, wie die Autoren sind, haben sie die Entwicklung nicht abwarten können und kurzerhand ein paar Jährchen übersprungen, nicht zuletzt, um dem verehrten Leser auch Einblick in die Küche »danach« zu geben.

wischen die beiden gerade noch, wie sie einen Strauß Blumen für zuhause mitnehmen.

Wir sind gespannt auf Evas Küche, Sie auch? Eigentlich nicht nötig, denn Eva kocht bestimmt vorzüglich: Wie »bei Muttern«; kein Wunder, bei der Stammutter.

Adam und Eva bitten zu Tisch

Wenn Sie gesunde und vitaminreiche Kost mögen – denn nur solche wird im Hause Adam serviert – dann wird Ihnen sicher das »handfeste« Frühstück schmecken, das Eva für Sie bereithält: Brot, Oliven, Zwiebeln und Gemüse. Falls Sie allerdings lieber Milch oder Früchte mögen, bitte, auch das serviert Eva Ihnen. Auf Wunsch verrät Eva Ihnen gern ihr Spezialrezept für das besonders von Adam so geschätzte Brot. Eva ist sehr stolz darauf. Aber bitte, lassen Sie sich dadurch beim Essen nicht stören:

Man nehme drei Scheffel Mehl, entweder von Weizen oder von Gerste, das in einer Handmühle oder mit einem Reibstein und je nach Belieben zu Schrot oder Feinmehl gemahlen wird, füge ein wenig Wasser hinzu, knete den Teig, forme daraus einen schönen Fladen und lege ihn auf einen von der Sonne erhitzten Stein, solange, bis er knusprig gebacken ist. Vor dem Servieren lasse man ihn einige Zeit an einem anderen Ort abkühlen.

Möchten Sie auch wissen, wie Sie, wenn Sie einmal keine Lust haben, um's Backen herumkommen? Wenn Sie Glück haben, verrät Eva es Ihnen. Sie servieren dann nämlich rohes Korn, jawohl, rohes Korn. Das geht ganz einfach und macht keine Mühe: Man nimmt Ähren und reibt sie zwischen den Händen, um das Korn von den Hülsen zu sondern. Diese Methode spart nicht nur Zeit und Mühe; es ist auch noch sehr gesund. Und wenn Sie gerade keinen Weizen oder Gerste im Hause haben, können Sie auch Hirse oder Spelt benutzen.

Aber nun wollen wir Sie erst 'mal in Ruhe Ihrem Frühstück überlassen, sonst bekommt es Ihnen womöglich nicht. Und der nächste Arzt ist ein paar Jahre entfernt. Sie werden deshalb sicher nicht böse sein, wenn Eva Sie für eine Weile allein läßt. Sie wird sich inzwischen Gedanken über das Mittagessen machen. Was es heute gibt? Eva weiß es noch nicht. Vielleicht (das Brot bäckt ja gerade) das frische Brot in Wein getunkt.[2] Fisch [3] war heute reichlich im Angebot. Doch was mit den Resten machen? Am besten ordentlich salzen und dann an der Sonne trocknen lassen. Und da Eva gerade

2 Ach nein, noch gibt es ihn ja nicht. Da müssen wir schon auf Noah warten.

3 Was für Fleisch gilt, gilt wahrscheinlich auch für Fisch. Die Autoren erlauben sich, – Ihr gütiges Einverständnis voraussetzend – auf ihre vorletzte Anmerkung zu verweisen.

bei den Vorbereitungen ist, überlegt sie auch, was es abends geben soll. Vielleicht erst mal ein paar Kapernbeeren als Appetitanreger »vorneweg« oder auch ein paar knackige Oliven in Salzwasser eingelegt, das hängt davon ab, was noch in der Vorratskammer ist. A propos Vorrat, der Piniensamen ist auch nicht mehr der frischeste und könnte 'mal wieder erneuert werden; auch Persimon sowie Walnüsse sind nicht mehr da.

Wie wär's denn zum Abendessen mit den ersten Früchten der Saison, frischen Datteln und Feigen? Hhm, da läuft selbst das Wasser im paradiesischen Magen Evas zusammen. Sollten noch ein paar Datteln und Feigen übrigbleiben, könnte man einen schönen Kuchen aus den getrockneten Früchten machen. Also, lieber Adam, wenn dir das nicht schmeckt, dann kann Eva es auch nicht ändern.

Übrigens müßte das liebe Mannsbild mal wieder Öl besorgen. Natürlich könnte sie das auch selber machen. Schließlich hatte sie es oft genug selbst gemacht: Oliven im Bottich treten, den übriggebliebenen Brei unter schwere Gewichte pressen, um das letzte »herauszuholen«, aber schließlich kann der gute Adam ja auch etwas tun. Wozu gibt es ihn denn schließlich?

Die modernen Evas sind da ganz der Stamm-Evas Ansicht. Da wir gerade einen Moment unter uns Evas sind, sicher wollen Sie Genaueres über ihre Küchentechnik wissen. Wir verraten Ihnen, glauben wir, kein Geheimnis, wenn wir Ihnen sagen, daß Eva keine Küchenprobleme kannte. Vor allen Dingen ein Küchenproblem war ihr gänzlich unbekannt: Das Dunstproblem. Evas Dunstabzugs-System war einfach und deshalb für uns zu kompliziert: Eva kochte nicht drinnen, sondern . . . draußen. Doch da kommt Adam und außerdem ist das Brot jetzt auch fertig. Deshalb ein andermal mehr darüber und bis dahin Aufwiedersehen.

Wie es die ersten Eheleute machten

Geht es Ihnen auch so? Sie möchten wissen, wie's die ersten Eheleute machten? Wie es heute geht, weiß jeder. Man braucht sich ja nur umzusehen, dann sieht man's. Doch statt langer theoretischer Erörterungen, die Ihnen sicher auch mehr als unsympathisch sind, ein handfestes Beispiel aus der Praxis, der Ehe-Praxis unserer so geschätzten Epoche. Es sei von vorneherein darauf hingewiesen, daß Ähnlichkeiten mit lebenden Personen nicht rein zufällig sind. Dem verehrten Leser bleibt es also überlassen, eventuelle tiefschürfende Betrachtungen darüber anzustellen, wer wohl damit gemeint sein könnte, wobei Ähnlichkeiten mit der eigenen Person auch nicht völlig ausgeschlossen zu sein brauchen.

Es geht in der folgenden Geschichte um die modernen Adams, die zu jenen »Normalverbrauchern« gehören, die mindestens einmal, wenn nicht sogar zwei- oder dreimal im Jahr in Urlaub fahren. Adams '78 lösen das Problem, wie Sie gleich hören werden, auf ihre Weise:

Eva 1978: Wohin fahren wir denn in diesem Sommer, Darling? Ich denke da so an Meer, Strand und Sonne.

Adam 1978: Mit der Sonne bin ich einverstanden, mit dem übrigen nicht. Du willst dich ja doch nur stundenlang im heißen Sand braten lassen. Ohne mich. Dieses Jahr stehen die Berge auf dem Programm. Das ist doch etwas ganz anderes.

Eva 1978: Und ob ich dazu Lust habe, das interessiert dich wohl gar nicht. Du bestimmst einfach, was gemacht wird. Der Herr der Schöpfung befiehlt und die arme Frau muß sich fügen. Schon 'mal was von Gleichberechtigung gehört?

Adam 1978: Mir kommen die Tränen. Immer wenn du deinen Kopf nicht durchsetzen kannst, sprichst du von Gleichberechtigung. Ich kann den Unsinn bald nicht mehr hören.

Eva 1978 (weinerlich) : Du bist und bleibst ein Pascha, nach dessen Mütze alles gehen muß. Aber ohne mich. Ich tue das, was mir Spaß macht: Ich fahre an die See. Und damit du's weißt: Ich fahre allein. Du kannst machen, was du willst.

Adam 1978 (ärgerlich): Mach' doch, was du willst. Mir ist das doch egal! Dann habe ich wenigstens endlich einmal meine Ruhe.

Eva 1978 (bricht in Tränen aus, verläßt fluchtartig das Zimmer und schlägt krachend die Tür hinter sich zu).

Nach diesem ehelichen Gewitter machen die Chronisten erst einmal Pause, um tief durchzuatmen, bevor sie darangehen, Adam und Eva Nr. 1 zu interviewen . . .

Es verstreicht geraume Zeit, bis sie sich einigermaßen erholt und wieder die nötige Kraft gefunden haben, sich auf die nächste Auseinandersetzung vorzubereiten. Aus Zweckmäßigkeitsgründen, um Sie auch wirklich auf dem laufenden zu halten, lassen wir ein Tonband laufen, das wir hinter dem Haus, also hinter einem der großen Zedernstämme (Sie erinnern sich) installiert haben. Jetzt warten wir nur noch auf eine günstige Gelegenheit, um uns bei der Parallelszene einblenden zu können. Sollte Ihnen das Warten zu lange dauern, können Sie selbstverständlich die Zeit nutzen, im Geiste besagtes Thema mit der eigenen Gattin durchzuspielen.

Doch nun volle Konzentration auf Adam und Eva!

Wir scheinen wieder einmal besonderes Glück zu haben, die beiden haben das Thema »drauf«, schneller als erwartet. Solches Glück gibt es eben nur im Paradies!

Die Zeit? Die Uhr zeigt kurz nach 18.00. Adam und Eva haben soeben zu Abend gegessen . . . Achtung, Aufnahme läuft . . .

Eva : Es wäre an der Zeit, lieber Adam, sich 'mal wieder Gedanken über unseren Sommerurlaub zu machen. Ich weiß, Erholung haben wir in dem Sinne nicht nötig, aber eine Abwechslung könnte nicht schaden. Wenn du mich fragen würdest, wohin ich am liebsten fahren würde, ehrlich gesagt, am liebsten ans Meer. Was sagst du dazu?

Adam: Das ist keine schlechte Idee. Ich möchte allerdings dieses Jahr lieber wieder ins Gebirge: Einmal wieder so richtig in den Bergen herumkraxeln, das wäre etwas.

Eva : Was machen wir denn da? Ich verstehe zwar, daß du in die Berge möchtest, aber ich könnte mir, wie du weißt, etwas Schöneres vorstellen.

Adam: Das ist überhaupt kein Problem, liebe Eva. Weißt du was, wir machen beides. Wir reisen an einen großen See, der dir gefällt und der gleichzeitig von ein paar Bergen umgeben ist. Wie findest du das?

Eva : Toll! Weißt du, wenn der König Salomon schon gelebt hätte, dann würde ich das schlicht »salomonisch« nennen, so sage ich, das ist ein Urteil ganz nach meinem lieben Adam. (Sie steht auf, gibt ihm einen Kuß und beide sind ein Herz und eine Seele).

. . . Aufnahme Ende.

Kitsch in Reinkultur? Hand auf's Herz, haben Sie das nicht gerade gedacht? Aber einmal ehrlich, ob Kitsch oder nicht, das sei dahingestellt, sehnen wir uns nicht alle nach einem bißchen »heiler Welt«, nach ein wenig Harmonie in dieser unheilen Welt, die täglich ein wenig unheilvoller wird? Natürlich sind wir modern und geben dies nicht zu, höchstens vielleicht im stillen Kämmerlein, wo es niemand sieht. Schade, wenn es mehr sehen könnten, wäre es um die Weltgeschichte vielleicht ein wenig besser bestellt.

Die Chronisten sind sich darüber im klaren, daß ihr moralischer Zeigefinger soeben mit ihnen durchgegangen ist. Sie nehmen ihn schnell wieder herunter, weil auch sie wissen, daß »Moral« nicht »in« ist, auch wenn es noch so schön wäre, wenn. . . doch auch Chronisten sind Menschen und haben bisweilen noch Träume.

Ohne Baedeker und Bikini

Sie haben es gerade gehört, wo Adam und Eva dieses Jahr ihren Urlaub verbringen wollen. Nicht wahr, Sie sind auch der Meinung, daß Adam und Eva eigentlich doch keinen Urlaub nötig hatten, wovon sollten die beiden sich denn schon groß erholen? Sie haben völlig Recht: Adam und Eva fuhren auch nicht (präziser, wanderten) in Erholung, sie pflegten vielmehr auf Sight-Seeing-Tour zu gehen, auf Entdeckungsreise, wie unsere Großeltern dies noch schlicht nannten. Unsere beiden Touristen wollten einfach »Gottes schöne Welt« kennenlernen.

Die Beneidenswerten konnten noch nicht wissen, daß ein paar Jahrtausende später kaum mehr von »schöner«, geschweige denn von »Gottes schöner Welt« die Rede sein würde, denn sie hätten sich weder etwas unter Umweltverschmutzung noch unter einer »rein humanen Welt« etwas vorstellen können. Für sie war die Welt human, aus dem einfachen Grunde, weil sie von Gott war. Sicherlich hätten sie große Augen gemacht, wenn man ihnen fein säuberlich, rein wissenschaftlich, auseinanderdividiert hätte, daß der Glaube, den wir heute haben, der Glaube an den Fortschritt, den wissenschaftlichen Fortschritt, gewisse Opfer erforderlich macht, wozu eben, leider Gottes, auch der Glaube an Gott gehört. Natürlich hätten sie solcherlei subtile Spekulationen auch nicht verstanden, sie verhielten sich eben ganz natürlich. Gott sei Dank! Oh, Verzeihung, das letzte ist uns so herausgerutscht.

Aus dem eben Gesagten geht hervor, daß der Funkkontakt nach »oben« noch ungestört war, so daß sie auf Reisen weder Baedeker – nebenbei, einen besseren »Reiseführer« als Gott den Herrn konnte es nicht geben und hat es seit der Zeit auch nicht mehr gegeben – also, daß sie, wie gesagt, weder Baedeker noch Bikini brauchten.

Auch das letztere wissen wir sehr genau dank den präzisen Ausführungen von Herrn Moses, der auch von Mode etwas verstanden zu haben scheint und den Paradies-Look als einen tragbaren, auf das Wesentliche konzentrierten charakterisiert, wie aus der Beschreibung »der Mensch und sein Weib waren nackt«, hervorgeht.

Tja, das waren eben noch Zeiten! Ganz zu schweigen von den Ferienorten, von denen bis jetzt noch gar nicht die Rede war, was aber jetzt schleunigst nachgeholt werden soll. Selbstverständlich, wie könnte es anders sein (!), war einer schöner als der andere. Nicht erstaunlich, wenn man ihren »Reiseführer« kennt, nicht wahr?

Ein winziges Problem (wir sind da ganz ehrlich und wollen es nicht verschweigen, außerdem hätten Sie es wahrscheinlich selber herausbekommen), nun, gewissermaßen ein Mini-Problem, hatten auch Adam und Eva: Sie wußten nämlich nicht bei der Auswahl, welchem Ort sie den Vorzug geben sollten, aber das war denn auch ihr einziges Problem.

Überflüssig zu erwähnen, daß die beiden nur in First-Class-Hotels, mit all dem Komfort, den sie von zu Hause gewohnt waren, wohnten. Es mußte ein Zedernhaus-Hotel sein mit fließendem Wasser, kalt und warm. Für das letztere zeichnete Frau Sonne verantwortlich. Außerdem mußte alles zur Verpflegung Nötige vorhanden sein. Sie wissen, Adam und Eva waren ein gutes Leben gewöhnt. Aber das war nie ein Problem, dort, wo die beiden waren, gab es immer alles. Selbst wenn Eva ihr Sonnenöl vergessen hatte, war das nicht schlimm, denn dann besorgte Adam Oliven und im Nu hatte Eva ihr Oliven-Öl, das sie als Sonnenschutzmittel verwendete. Sie war der Meinung, daß für die Haut das Beste gerade gut genug sei, und etwas Besseres als Olivenöl für die Haut – Eva verwendete nur Natur-Produkte, darin war sie eigen, – nein, das gab es nicht.

Man sieht, die beiden Touristen waren mit allem auf das Beste versorgt.

Aber das Tollste hätten wir beinahe vergessen, weshalb jeder Urlaub bei Adam und Eva ein Erfolg war und bei uns eben längst nicht jeder. Sie hatten nämlich das Glück, immer nur das beste Wetter zu haben, wen wundert's, bei den Beziehungen zu »oben«?

An dieser Stelle können die Chronisten ein Gefühl von Neid nur schwer unterdrücken, sie versuchen es aber, weil sie wissen, daß der Neid auch eine jener Früchte ist, die mit dem vermaledeiten Apfel zusammenhängen, abgesehen davon, daß ein solches Gefühl auch nichts fruchtet.

Übrigens, beinahe hätten wir auch das bald vergessen, ein anderes uns den Urlaub »vermasselndes« Problem hatten die beiden natürlich auch nicht: Lange Autoschlangen, in denen man nur Schritt fahren kann, verspätete Züge, die es verhindern, daß man den soundsovielten Anschlußzug bekommen kann, streikende Fluggesellschaften, die noch nicht einmal ein Ersatztransportmittel zur Verfügung stellen. Nein, das alles kannten Adam und Eva nicht. Sie waren völlig unabhängig. Auf ihr Transportmittel, von dem sie abhingen, war immer Verlaß: Es geht eben doch nichts über die eigenen Füße. Darum ein Hoch auf das älteste Transportmittel der Welt, das uns auch nach dem Knie-Fall – pardon, dem Sündenfall – erhalten blieb.

Week-end im Paradies

Die Chronisten sind erfreut, dem verehrten Leser mitteilen zu können, daß das »week-end« keine Erfindung unseres so geschätzten Jahrhunderts ist, sondern schon ein paar Jährchen mehr auf dem Buckel hat, wenn man Herrn Moses glauben darf, der in seiner Schöpfungsreportage die Feststellung notiert:

> »Und Gott vollendete am siebenten Tage sein Werk, das er gemacht hatte, und er ruhte am siebenten Tage von all seinem Werke, das er gemacht hatte. Und Gott segnete den siebenten Tag und heiligte ihn; denn an ihm hat Gott geruht von all seinem Werke, das er geschaffen und vollbracht hat«.

Und was für Gott den Herrn gilt, das gilt auch für sein »Ebenbild«, die Gattung Mensch. Daß aus dem Ebenbild im Laufe der Zeit ein Zerrbild wurde, ist mehr als traurig. Von Gott dem Herrn war dieses jedenfalls nicht intendiert, wohl intendiert hingegen war ein ruhiges Wochenende, ein Ruhe-Tag. Wenn wir uns auch sonst recht wenig um den Schöpfer-Willen kümmern, hier haben wir es ausnahmsweise einmal recht gründlich getan und an den einen Ruhetag schnell noch einen zweiten gehängt. Doppelt geruht hält besser. Ob die zwei Ruhetage, die wir benutzen, möglichst weit wegzufahren, je weiter, desto besser, und wofür wir selbstverständlich lange Autoschlangen, Benzingeruch und Nervenanspannung in Kauf nehmen, uns wirklich Ruhe und Erholung bescheren, ist eine andere Geschichte, die die Chronisten hier nicht untersuchen wollen, schließlich haben sie nicht die Absicht, den geschätzten Leser zu verärgern, weshalb sie sich für alle Fälle auch noch einmal für die eigentlich überflüssige Bemerkung entschuldigen.

Sie sind neugierig, nicht wahr, (Sie können es ruhig zugeben!), was Adam und Eva denn so alles an ihrem freien Samstag gemacht haben. Seien Sie ehrlich, Sie fürchten, es könnte vielleicht langweilig gewesen sein.

Sie sind im Irrtum. Die Langeweile gab es noch nicht, sie kam erst viel, viel später, eigentlich erst zu Beginn jener Epoche, die wir stolz die »Neuzeit» getauft haben, denn damals entstand die fatale Meinung, die auch in unserem Jahrhundert noch kultiviert wird, daß es eigentlich nichts »Neues« mehr unter der Sonne gäbe. Sie können sich denken, daß eine solche Haltung ein Gähnen des Geistes provoziert, eben besagte Langeweile. Um jedoch nicht Gefahr zu laufen, auch noch mehr als nötig Ihre Langeweile zu provozieren, beeilen sich die Chronisten, Ihnen auf dem schnellsten Wege die gewünschten Informationen über die Freizeit im Paradies zu liefern.

Freund Moses erweist sich hier wieder als unverzichtbare Informationsquelle. Er erwähnt eine Beschäftigung, mit der Adam sicherlich nicht nur in seiner Freizeit ganz hübsch beschäftigt war:

> »Da bildete Gott der Herr aus Erde alle Tiere des Feldes und alle Vögel des Himmels und brachte sie zum Menschen, um zu sehen, wie er sie nennen würde; und ganz wie der Mensch sie nennen würde, so sollten sie heißen. Und der Mensch gab allem Vieh und allen Vögeln des Himmels und allen Tieren des Feldes Namen. . .«

Hätten Sie sich, der Sie vielleicht in Ihrer Freizeit Briefmarken, Münzen oder Steine sammeln, jemals träumen lassen, einen so berühmten Sammler wie Adam als Vorgänger zu haben? Es gibt eben viele Dinge zwischen Himmel und Erde, von denen unsere Sammelleidenschaft sich nichts träumen läßt.

Falls Sie denken sollten, daß dies das einzige Hobby Adams gewesen ist, nähren Sie eine Illusion. Das erste Menschenpaar hatte nämlich noch ein gemeinsames Hobby, ja, man höre und staune, ein gemeinsames, wodurch sie sich von sogenannten emanzipierten Ehepaaren heute unterscheiden: Der Mann z.B. spielt in seiner Freizeit mit seinen Freunden Skat und die Frau in eben der gleichen Freizeit mit ihren Freundinnen Bridge. Ein gemeinsames Hobby zu haben, ist altmodisch, schließlich hat man doch nicht geheiratet, um gemeinsame, sondern in erster Linie die eigenen Wege zu gehen. Wer dies nicht einsieht, nicht ebenso sieht, der paßt nicht in unsere so geschätzte Epoche. Adams hatten es da besser, sie brauchten keine moderne Ehe, sie durften noch eine altmodische führen und konnten auch in der Freizeit zusammen sein.

Da sie den gleichen Geschmack hatten, ist es kein Wunder, daß sie ein gemeinsames Lieblingsbuch hatten, worin sie gern und häufig lasen, wann immer es ihre Zeit erlaubte. Es war dies ein recht umfangreiches Buch, prachtvoll eingebunden, eine einmalige Liebhaberausgabe, die sie immer wieder auf's Neue faszinierte. Sie konnten einfach nicht genug davon bekommen. Der Aufbau des Buches war außerordentlich kunstvoll, trotzdem sehr klar und übersichtlich, man spürte eine große Liebe zum Detail. Wann immer sie ein Kapitel beendet hatten, freuten sie sich schon auf ein neues und ein Ende war nicht abzusehen. Außerdem hatten sie das große Glück, den Verfasser des Buches, es trug übrigens den Titel »Schöpfung«, persönlich zu kennen. Sogar handsigniert war es von ihm. Häufig war er bei ihnen zu Gast und dann sprachen sie stundenlang bald über dieses, bald über jenes Kapitel, eben über »Gott und die Welt«. Bei uns ist dies etwas aus der Mode gekommen, wir reden zwar auch noch über »Gott und die Welt«, doch wir meinen damit in der Regel das Wetter und selten mehr als uns selbst. Kein Wunder, daß es auf der Welt so wenigen gefällt!

Die Autoren stellen soeben fest, daß sie schon wieder ihren Mund nicht haben halten können, dafür versprechen sie zerknirscht, daß so etwas nicht wieder vorkommt – in diesem Kapitel. Um ihr Versprechen halten zu können, machen sie lieber an dieser Stelle Schluß und sehen zu, daß sie schnell den Anschluß an das nächste Kapitel bekommen.

Verdammter Schweiß

Arbeit im Paradies! Wenn sich das nicht gegenseitig ausschließt! Im Paradies flogen denen doch die gebratenen Tauben in den Mund, und nicht nur die Tauben. Dolce far niente haben die getrieben, gefaulenzt ist gar kein Ausdruck. Nicht wahr, so ähnlich stellen wir uns das doch vor? Und wenn wir uns nun geirrt hätten, daß Paradies und Arbeit sich keineswegs ausschließen? Da gibt es zum mindesten jene merkwürdige Stelle, sie ist uns in anderem Zusammenhang schon begegnet, wo davon die Rede ist, wie Adam damit beschäftigt ist, Namen für die Tiere zu finden. Wenn man bedenkt, wieviele Tierarten es damals gab und heute noch gibt, dann war Adam ganz nett damit beschäftigt. Der Unterschied zu uns ist nur, daß die Arbeit bei Adam gleich dem Vergnügen ist, sein Hobby, weshalb wir das Thema auch nicht vom Thema Freizeit trennen, im Gegensatz zu uns, Sie wissen es selbst, da schon den kleinen Kindern eingepaukt wird: Erst die Arbeit und dann das Vergnügen. Tja, wenn Arbeit bei uns auch so aussähe, dann erginge es uns wie Adam. Nur ist da die dumme Geschichte mit dem

Apfel passiert, wovon noch ein bißchen genauer zu sprechen sein wird, leider, wir hätten uns gerne die Arbeit erspart. Wenn nur nicht seit damals dieses »etwas« hinzugekommen wäre, was uns die Arbeit nun 'mal so gründlich verleidet. Ja, wenn dieses »etwas« nicht wäre, dann ließe sich ja darüber reden und dann könnte man sich glatt vorstellen, daß die Arbeit zum Spaß, vielleicht sogar unentbehrlichen Vergnügen, würde.

Was dieses »etwas« gewesen ist? Nun, es ist etwas, was nicht der Rede wert und eigentlich deshalb auch kein Thema ist. Man spricht auch nicht gerne darüber. Es gilt als unfein, weshalb wir es denn auch vorziehen, darüber zu schreiben. So gesehen, könnten wir es eigentlich übergehen, wenn, ja, wenn es dann doch nicht so wichtig wäre, wie es ist.

Sie wollen jetzt endlich wissen, was es ist? Einen Augenblick! Herr Moses, wenn Sie so freundlich sind, uns die Mühe abzunehmen und es dem verehrten Leser selbst mitzuteilen, dann glaubt er es vielleicht eher. Es handelt sich wohlgemerkt um eine Stelle »nach« dem bedauerlichen Fall:

> »Im Schweiße deines Angesichts sollst du dein Brot essen, bis du wieder zur Erde kehrst, von der du genommen bist.»

Nun, jetzt wissen Sie es: Der Schweiß ist es, der uns seit damals, 'mal weniger und 'mal mehr, aber immer zum Schwitzen bringt. In den paar tausend Jährchen nach dem Apfelbiß haben wir zwar hier und dort Bedeutendes geleistet, nur eines ist uns noch nicht gelungen: Das Schwitzen zum Stillstand zu bringen. Wer kennt die Völker, nennt die Namen, die ohne Taschentuch etwas geleistet haben! Wir haben die Hoffnung allerdings immer noch nicht gänzlich aufgegeben, vertrauensvoll greifen wir zu Sprays, Seifen, Pudern und rücken ihm gewaltig zu Leibe, auch wenn es im Endeffekt doch nichts nützt. Verdammter Schweiß! Und eines ist klar: Er wird solange nicht verschwinden, bis es wieder paradiesische Zustände gibt. Wann das sein wird? Ganz einfach: Wenn wir nicht mehr schwitzen.

An dieser Stelle bleibt uns nur übrig, einen tiefen, tiefen Seufzer zu tun und einen im Schweiße unseres Geistes verfaßten Nekrolog auf die paradiesischen Zustände auszusprechen: Wären wir doch noch einmal im Paradies, wo Arbeit gleich Vergnügen, das Wort »Mühe« ein Fremdwort und das Wort »schuften« gänzlich unverständlich war, mit einem Wort, wo alles noch in Butter war. Heute ist dagegen nichts mehr in Butter, obwohl es Butterberge in jeder Menge gibt, müssen viele sich mit Margarine begnügen und selbst die, verdammt noch 'mal, bringen wir nur unter Schwitzen zustande. Adam, Adam, du hast uns ganz schön ins Schwitzen gebracht, wobei es mit dem Schwitzen erst gleich richtig losgeht.

Die Chronisten verabschieden sich hier für ein paar Momente von Ihnen, um auch Ihnen Zeit und Gelegenheit zu geben, von den paradiesischen Zuständen Abschied zu nehmen. Wir treffen uns, falls Sie nichts Besseres vorhaben, gleich wieder, wenn der Schlamassel losgeht.

III. Der Schlamassel beginnt

Der Wunschbaum

Hallo! Da sind Sie ja wieder! Nun, wie ist es: Sind Sie bereit, dem kommenden Drama, dessen Ende (ganz unter uns) noch nicht abzusehen ist, Ihre Aufmerksamkeit zu schenken? Dann lassen Sie sich von Chefdramaturg Moses ins »Große Welttheater« entführen, was nicht heißt, daß Sie sich dort ver-führen lassen sollen. Das besorgen schließlich schon andere. Was die Platzreservierung angeht, so brauchen Sie sich darüber keine Sorgen zu machen: Platz gibt es für »Jedermann«. Weitere Informationen finden Sie in Ihrem Programm-Heft, in Wirklichkeit eher ein Programm-Buch: Schlagen Sie also nach bei Moses. Der Worte sind genug gewechselt, wir wollen jetzt endlich Adam und Eva sehen, darum Vorhang frei, und viel Spaß! Oh, Entschuldigung, es handelt sich ja um eine Tragödie. Selbstverständlich wünschen wir Ihnen da »viel Trauer«! Das ist Ihnen auch nicht Recht? Dann können wir es auch nicht ändern und schließlich ist es ja auch nicht mehr zu ändern, daß da nichts zu ändern ist. Keine Sorge, wir verschwinden schon von der Bildfläche.

Der Schauplatz der Handlung dürfte Ihnen bekannt sein: Der bekannte Garten mit den natürlich nicht minder bekannten Personen. Die Atmosphäre ist, wie Sie sich denken können, ausgezeichnet: Die Personen wie die Natur sind bester Laune und zeigen sich dementsprechend von ihrer besten Seite. Kein Wunder, wenn unsere Stammutter alles mit leuchtenden Augen betrachtet. Noch weniger ein Wunder, daß ihr Blick besonders lange an dem hängen bleibt, was ihr besonders schön erscheint. Wenn Sie das Programm-Heft gelesen haben, wissen Sie an wem. Ausnahmsweise einmal nicht an Adam, sondern »nur« an einem Baum, mit dem es allerdings seine besondere Bewandtnis hatte. Welche, darüber gibt uns wieder Ihr Programm-Heft Aufschluß, das ihn den Baum der Erkenntnis nennt. Aber, ehrlich gesagt, vorstellen kann man sich darunter wenig. Wir sind ganz Ihrer Meinung. Aber was will man da machen? Schließlich steht es da schwarz auf weiß. Eigentlich bleibt da nur eines: Chefdramaturg Moses persönlich zu fragen. Aber wo steckt er? Sicher hinter der Bühne. Sie sind damit einverstanden, daß wir ihn suchen? Allerdings müssen Sie dann in Kauf nehmen, daß die Vorstellung unterbrochen wird.

Sie sind einverstanden? Okay, dann suchen wir ihn. Ah, da kommt er ja schon, um so besser. Herr Moses, einen Moment, laufen Sie nicht weg. Wir haben ein paar Fragen an Sie!

Die Interviewer: Es tut uns leid, Herr Moses, daß wir Ihre kostbare Zeit in Anspruch nehmen, aber wir haben da ein paar Fragen, die eigentlich nur Sie beantworten können.

Herr Moses: Schießen Sie los! Ich werde tun, was ich kann.

Die Interviewer: Sie erwähnen in Ihrem Buch, das im übrigen immer noch zu den Best-Sellern zählt, einen merk-würdigen Baum, den Sie, verehrter Herr Moses, den »Baum der Erkenntnis« nennen. Was hat es mit diesem Baum auf sich?

Herr Moses: Habe ich mich in meinem Buch nicht klar genug ausgedrückt? Warten Sie einen Moment, ich suche Ihnen die Stelle. Hier, ich hab's:

> »...von dem Baume der Erkenntnis des Guten und des Bösen, von dem darfst du nicht essen; denn sobald du davon issest, mußt du sterben«.

Ich meine, diese Stelle läßt doch an Klarheit nichts zu wünschen übrig oder sind Sie anderer Meinung?

Die Interviewer: Im Prinzip sind wir ganz Ihrer Meinung. Aber Sie wissen ja selbst, mit Prinzipien ist das so eine Sache. Deshalb gestatten Sie uns die dumme Frage, die Sie hoffentlich nicht beleidigt: Hatten Adam und Eva denn »vorher«, Sie wissen schon, was wir meinen, also, wie gesagt, hatten Adam und Eva denn vorher keine Ahnung von gut und böse und mußten sie vorher nicht sterben?

Herr Moses: Nein, sie kannten nur das Gute und da der Tod eine Folge des Bösen ist, wie ich Ihnen vorhin aus meinem Buch vorgelesen habe, kannten sie natürlich auch nicht den Tod. Sie sehen, eine ganz einfache Geschichte.

Die Interviewer: Auf die Gefahr hin, verehrter Herr Moses, daß wir erneut Ihren Unmut riskieren, möchten wir Sie mit aller gebotenen Höflichkeit fragen, ob das nicht, entschuldigen Sie, es kommt uns etwas schwer über die Lippen, ob das nicht furchtbar langweilig gewesen ist: Immer nur das Gute tun, für eine Zeitlang ja, aber immer? Verbotene Früchte sind doch viel interessanter. Finden Sie nicht?

Herr Moses: Das meinen Sie, weil auch Sie unter den Folgen des wurmstichigen Apfels zu leiden haben. Ich kann Sie versichern, Adam und Eva kannten Langeweile nicht. Dafür sorgte allein schon der göttliche Befehl des » wachset und mehret euch«, wenn Sie mir diesen Hinweis gestatten. Und was den Tod bzw. das ewige Leben angeht, so war auch für Abwechslung gesorgt, denn der Mensch sollte eine Zeitlang seine irdische Wohnung bewohnen, um sie dann, ohne große »Umzugsprobleme«, wie sie bei Ihnen gang und gäbe sind, mit der endgültigen, himmlischen zu vertauschen.

Und um nicht mehr und nicht weniger ging es beim »Baum der Erkenntnis«. Sie werden zugeben müssen, daß die Aussicht in keinem Verhältnis zur Auflage stand, das letztere war minimal und nicht der Rede wert, das erste kolossal und der Ewigkeit wert.

Die Interviewer: Wir danken Ihnen für dieses Gespräch. Sie haben uns nicht unbeträchtlich geholfen.

Herr Moses: Gerne geschehen. Wenn Sie wieder irgendwelche Fragen haben, stehe ich Ihnen gerne zur Verfügung.

Intrigen-Spiel

Ja, wenn das so ist, wie Herr Moses gesagt hat, dann erscheint der Baum plötzlich in einem anderen Licht, im Licht . . . der Erkenntnis und Eva scheint, wie man sieht, eben dabei, dies zu erkennen. Denn warum schaut sie sonst so begehrlich auf diesen Baum? Kennt sie schon den Reiz des Verbotenen, der sich im schillernden Kleid der Versuchung präsentiert? Sie scheint ihn zu kennen, denn da ist sie schon, die Schlange, Sinnbild von Verführung und Fall, was Tiefenpsychologe Moses in dem bemerkenswerten Satz festhält:

> »Die Schlange aber war listiger als alle Tiere des Feldes . . .«

Die Schlange kommt vor dem Fall. Eine Feststellung, die nichts Gutes ahnen läßt. Eine Kostprobe, die allerdings kein Leckerbissen zu werden verspricht, liefert sie uns denn auch sogleich mit dem harmlos dahingeworfenen Köder, mit dem Eva ins Netz gelockt werden soll:

> »Gott hat wohl gar gesagt, ›Ihr dürft von keinem Baume des Gartens essen‹!«

Das Netz ist, wie man sieht, breit ausgelegt, so breit, daß Eva den Köder nicht bemerkt und – schon im Netze zappelt. Und ehe Eva so recht weiß, wie ihr geschieht, da schnappt auch schon das Netz zu:

> »Und das Weib sah, daß von dem Baume gut zu essen wäre, und daß er lieblich anzusehen sei und begehrenswert, weil er klug machte, und sie nahm von seiner Frucht und aß.«

Und wie verhält sich Adam? Sie wissen es:

> »und (Eva) gab auch ihrem Manne neben ihr, und er aß«.

Hier endet der Tragödie erster Teil.

Die Chronisten machen jetzt eine Pause, nicht nur, weil es im Theater so Sitte ist. Nicht wahr, Sie sind auch sauer, daß das ganze Malheur, das uns seit damals ständig unser Bonheur versaut, auf einen Apfel zurückzuführen ist, der sich nicht nur als sauer, sondern auch als gehörig wurmstichig erweist? Das kann einen schon mächtig wurmen.

Aber, und an dieser Stelle haben sich die Chronisten wieder gefangen, wenn auch seit damals der Wurm drin ist, ändern können wir es doch nicht.

Deshalb gilt es, das Beste daraus zu machen und wo immer man dem Wurm begegnet, ihm mit allen Mitteln zu Leibe zu rücken. Wäre doch gelacht, wenn der Mensch nicht über einen lächerlichen Wurm siegen könnte!

Das Malheur ist perfekt

Mit dem Apfel fing das Drama an. Mit dem Feigenblatt geht es weiter:

> »Da gingen den beiden die Augen auf, und sie wurden gewahr, daß sie nackt waren; und sie hefteten Feigenblätter zusammen und machten sich Schurze«.

Na ja, hinterher ist man immer schlauer.

A propos schlau, dem klugen Beobachter, Verzeihung, dem, der sich dafür hält, fällt natürlich auf, daß die beiden Hauptdarsteller nackt sind. Was soll denn das? Sollte Herrn Moses hier ein Faux pas unterlaufen sein? Denn schließlich weiß man doch, daß die beiden nackt sind und das schon vor der Geschichte mit dem Feigenblatt.

Da Herr Moses absolut glaubwürdig ist und seine Informationen immer haargenau stimmen, kann der Fehler nur auf unserer Seite liegen. Die Chronisten sehen schon, daß sie sich gewaltig anstrengen müssen, um das Rätsel zu lösen. Sie begeben sich deshalb in Klausur, um über das Ganze gehörig, wie sich das nun einmal gehört, nachzudenken, sofern das ihre von der Apfelkost leicht geschädigten grauen Zellen zulassen. Sie erscheinen erst dann wieder auf der Bildfläche, wenn sie einigermaßen im Bilde sind, was ausnahmsweise recht schnell geschieht, da sie in dem Ganzen ein Bilder-Rätsel vermuten, zu dessen Bildauflösung noch nicht einmal Bildung gehört: Das Bild von der Nacktheit will nämlich die Tatsache enthüllen, daß die beiden ihres Paradieses-Kleides verlustig gegangen sind (schreckliches Wort, genau wie die Situation!). Niemand wird leugnen können, daß es sich um einen freiwilligen Striptease handelte, wenn es auch einen Verführer gab, aber schließlich gibt es das eine nicht ohne das andere.

Arme Eva, armer Adam, da steht ihr nun ganz nackt und schämt euch. Etwas anderes bleibt euch auch kaum übrig! Fast kommen wir in die Versuchung, mit euch Mitleid zu haben, wenn ihr uns nur nicht diese Suppe eingebrockt hättet. Jetzt haben auch wir den Salat, obwohl wir gar nichts dafür können, denn wir haben den Apfel ja nicht probiert. Aber natürlich wissen auch wir, daß Infektionen ansteckend sind und dagegen ist noch kein Kraut gewachsen. Wir müssen uns also damit abfinden, daß wir anfällig sind und unsere Widerstandskräfte nicht die besten.

Doch Schluß jetzt mit dem Lamentieren, dafür ist gleich noch genug Zeit, wenn der göttliche Ankläger erscheint und die beiden Sünder mächtig ins Gebet nimmt.

Ach, wenn es doch nur ein Gebet wäre; leider wissen auch die Chronisten, daß dieses Stoßgebet ein paar tausend Jahre zu spät kommt. Trotzdem können sie es nicht verhindern, daß sich ihrem Herzen ein abgrundtiefer Seufzer entringt! Um eventuell sich meldenden Tränen keine Chance zu geben, brechen die Chronisten hier fluchtartig ihre Zelte ab und flüchten sich ins nächste Kapitel.

Kein schöner Zug, Adam!

Natürlich ist es nur noch eine Frage der Zeit, bis das Gewitter losgeht. Was haben wir gesagt, da ist es schon:

> »Als sie nun hörten, wie Gott der Herr in der Abendkühle im Garten wandelte«,

da, was blieb dem Menschen auch anderes übrig,

> »verbarg sich der Mensch mit seinem Weibe vor dem Angesichte Gottes des Herrn unter den Bäumen im Garten«.

Was ihnen allerdings wenig nützen dürfte nach dem, was man von Gott dem Herrn weiß. Daran ändert auch seine Frage:

> »Wo bist du?«

nichts, denn das ist nur eine rhetorische Frage, weiß er doch genau, wo die beiden sich versteckt halten. Was er allerdings damit bezweckt, ist etwas anderes: Er will den beiden noch eine letzte Chance geben, von sich aus zu »beichten«.

Sie finden sein Verhalten merkwürdig, vielleicht sogar unbegreiflich? Trösten Sie sich, Gott der Herr ist eben unbegreiflich! Gott sei Dank! Aber um dem Frage- und Antwort-Spiel ein Ende zu machen, an der Frage Gott des Herrn wird deutlich, was für ein Richter er ist, ein Ankläger, der dem Angeklagten entgegenkommt, wenn dieser ihm entgegenkommt, ein Staatsanwalt, der auch Verteidiger ist.

Wo waren wir stehen geblieben? Ach ja, vor Adam, der mittlerweile aus seinem Versteck hervorgekommen ist und kleinlaut, sehr kleinlaut, um die Wahrheit zu sagen, Antwort gibt:

> »Ich hörte dich im Garten; da fürchtete ich mich, weil ich nackt bin, und verbarg mich«.

Die nächste Frage ist schon weniger rhetorisch, aber dafür merklich unangenehmer:

> »Wer hat dir gesagt, daß du nackt bist? Hast du etwa von dem Baume gegessen, von dem ich dir zu essen verboten habe?«

Und jetzt halten Sie sich fest, denn Sie werden Zeuge des bis dato einmaligen Falles, daß der Angeklagte die Schuld jemand anders, in diesem Falle einer anderen, in die, wenn auch damals noch nicht vorhandenen, Schuhe schiebt:

»Das Weib, das du mir zugesellt hast, das hat mir von dem Baume gegeben; da habe ich gegessen«.

Was sagen Sie dazu? Das zieht einem doch nun wirklich die Socken aus! Als ob Adam nicht aus freien Stücken in den Apfel gebissen hätte. Wirklich, das ist ein starkes Stück! Und wie verhält sich seine »bessere Hälfte«?

»Die Schlange hat mich verführt; da habe ich gegessen«.

Da gehen einem doch die Haare durch die Mütze! Soweit ist es also schon gekommen! Der Apfel ist noch nicht im Magen angelangt, geschweige denn verdaut, da verursacht er schon Magenschmerzen und liegt uns wie ein Stein im Magen. Glücklicherweise sind Gott dem Herrn Magenkrämpfe fremd, so daß wir um die Fortsetzung des Prozesses nicht zu fürchten brauchen. Da auch die Beweisaufnahme so weit abgeschlossen zu sein scheint, kann es sich nur noch um wenige Augenblicke handeln, bis das Urteil im Namen des Volkes, pardon, im Namen Gottes, verkündet werden kann.

Falls Sie der Prozeß arg mitnimmt, wofür wir vollstes Verständnis haben, versuchen Sie sich bis zur Urteilsverkündung zu beruhigen: Vielleicht mit einem Magenbitter!

Fristlose Kündigung

Haben Sie sich ein wenig beruhigt? Das ist gut, denn jetzt wird es ernst, was der aufmerksame Beobachter nicht nur an der Miene der Angeklagten, sondern auch an der des Richters ablesen kann. Das läßt nichts Gutes ahnen. Doch lassen wir die Vermutungen und hören wir, was der Richter, er hebt soeben mit der Urteilsverkündung an, den Angeklagten verkündet.

Wie wir sehen können, wendet er sich zunächst an die Schlange, den Drahtzieher des Ganzen, hinter dem sich niemand anders als der »Fürst dieser Welt«, der Satan oder der Teufel, verbirgt, auch unter dem Terminus technicus »Diabolos«, »Verwirrer« bekannt, weil er ein Spezialist im Verwirren und das Opfer an der Nase herumführt, so daß es gar nicht auf die Idee kommt, daß es in Versuchung geführt wird und genau an diesem Punkte ist es meistens schon verführt. Siehe der Fall Eva, Sie erinnern sich?

Natürlich haben wir heute den Teufel, fortschrittlich wie wir sind, nicht mehr nötig. Deshalb haben wir ihn auch abgeschafft. Wir lassen ihm höchstens noch in ein paar Fabeln und Märchen, wozu für viele nicht selten auch die Bibel gehört, ein gewisses Existenzrecht. Wir heute sind stolz darauf, jenseits von gut und böse zu leben. Außerdem gibt es nun wirklich andere Probleme, und zu deren Lösung haben wir den Teufel nicht nötig, nur den Psychiater, den konsultieren wir allerdings häufig.

Den Chronisten ist es nicht entgangen, daß sie soeben ein paar bissige Bemerkungen losgelassen haben. Sie entschuldigen sich dieses Mal jedoch nicht, sondern sie schieben die Schuld weit von sich, genau auf Adam und den Apfelbiß.

Doch Schluß mit diesen ständigen Unterbrechungen! Wir sind schließlich hier, um das Urteil zu hören:

> »Weil du (d.i. die Schlange) das getan, bist du verflucht vor allem Vieh und vor allen Tieren des Feldes. Auf deinem Bauche sollst du kriechen und Staub fressen dein Leben lang«.

So ist es richtig! Immer drauf! Doch Moment, es geht noch weiter:

> »Und ich will Feindschaft setzen zwischen dir und dem Weibe, und zwischen deinem Nachwuchs und ihrem Nachwuchs: er wird dir nach dem Kopfe treten, und du wirst ihm nach der Ferse schnappen«.

Ehrlich, haben Sie das letztere verstanden? Lassen Sie uns einmal gemeinsam überlegen. Da war doch' mal was. Warten Sie, haben wir darüber nicht 'mal etwas im Religionsunterricht gehört, wobei wir nicht den sog. Ethikunterricht meinen, der heute vielfach den Religionsunterricht ersetzt? So ganz dunkel meinen wir uns zu erinnern, daß da davon die Rede war, daß der Kopf der Schlange inzwischen zertreten worden ist, und zwar hängt das irgendwie mit dem Fest zusammen, das wir jedes Jahr zu Anfang des Frühlings feiern, Ostern heißt es wohl, für manche ist es sogar das Fest der Auferstehung. Von wem? Nun, von dem, der der Schlange den Kopf zertreten hat. Ach, so war das!

Sie haben Ihre Zweifel, ob sie wirklich tot ist? Die brauchen Sie eigentlich nicht zu haben. Was hier und manchmal dort noch nach Schlange aussieht, sind nur die letzten Zuckungen, wenn sie auch manchmal mehr, manchmal weniger stark sind. Aber auch das geht eines Tages vorbei. Wann das sein wird? Wenn wir anfangen, gegen ihr Gift immun zu werden.

Nunmehr ist eine große Abbitte fällig, dafür, daß wir Ihnen mit einem solchen Thema kommen mußten. Ihre berechtigten Reklamationen nehmen wir gerne, eigentlich eher ungerne, aber das tut nichts zu Sache, entgegen. Wir müssen Sie allerdings darauf hinweisen, daß Sie bei uns an der falschen Adresse sind, aber wir leiten die Beschwerden gerne an Adam und Eva weiter, zur Not auch an die Schlange, aber nur, wenn Sie es ausdrücklich wünschen.

Also, wenn das so weitergeht mit diesen endlosen Tiraden, dann hört das bei Adam und Eva auf. Sie haben völlig recht, genau so ist es. Als Kavaliere der alten Schule lassen wir der Dame natürlich den Vortritt. Also bitte, Eva, geh du voran.

Du willst nicht? Das sei eine Schwergeburt? Liebe Eva, stell dich nicht so an: Noch hat Gott der Herr die Schwergeburt nicht eingeführt. Aber da du gerade davon sprichst:

> »Ich will dir viel Beschwerden machen in deiner Schwangerschaft; mit Schmerzen sollst du Kinder gebären!«

Aber das ist noch nicht das Ende vom Lied:

»Nach deinem Manne wirst du verlangen; er aber soll dein Herr sein!«

Tja, Eva, das hast du nun davon! Wir nach dir kommenden Evas allerdings auch!

Doch wir wollen nicht von Adam ablenken, denn schließlich ist auch er nicht ganz unschuldig, um es vornehm auszudrücken. Hören wir also, was Gott der Herr Adam zu sagen hat:

»Weil du auf deines Weibes Stimme gehört und von dem Baume gegessen hast, von dem ich dir gebot, du sollst nicht davon essen, so ist um deinetwillen der Erdboden verflucht. Mit Mühsal sollst du dich nähren von ihm dein Leben lang. Dornen und Disteln soll er dir tragen, und das Kraut des Feldes sollst du essen. Im Schweiße deines Angesichtes . . .«

Oh, Entschuldigung, das kennen Sie ja schon!

Sie müssen zugeben, daß auch Adams Strafe genau auf ihn zugeschnitten ist. Nicht wahr, die heutigen Adams werden es bestätigen? In den seltensten Fällen bewegen sie sich zwar noch auf dem Ackerboden, aber das berufliche Terrain hat es ja bekanntlich auch in sich und ausrutschen kann man auf dem einen wie auf dem anderen. Und was die Dornen und Disteln angeht . . . darüber brauchen wir uns wohl nicht zu unterhalten.

Nachwehen

Eine Geburt, auch wenn es keine Schwergeburt ist, hat es nun 'mal so an sich, daß sie Nachwehen hat. Und das sollten auch Adam und Eva spüren: Um ihnen nur ja keine Gelegenheit mehr zur Versuchung zu geben, am besten raus mit ihnen aus dem Paradies!

Gedacht, getan.

»Und Gott der Herr sprach: ›Siehe, der Mensch ist geworden wie unsereiner, daß er weiß, was gut und böse ist. Nun aber, daß er nur nicht seine Hand ausstrecke und auch von dem Baume des Lebens breche und ewig lebe!‹ So schickte ihn Gott der Herr fort aus dem Garten Eden, daß er den Erdboden bebaue, von dem er genommen war«.

Und da man bei den Menschen nie weiß . . . läßt Gott der Herr östlich vom Garten die himmlische Polizei aufwarten:

»die Cherube . . . und die Flamme des zuckenden Schwertes, den Weg zum Baume des Lebens zu bewachen«.

So endet der Tragödie nächster Akt.

Da stehen die beiden nun, mit nichts als ihrer Sehnsucht nach dem verlorengegangenen Paradies im Herzen. Darin geht es ihnen ähnlich wie uns.

Lamentieren nützt nichts. Das Leben geht weiter. Also dann, beißen wir in den sauren Apfel.

P.S. Es ist uns nicht entgangen, daß Sie während der Urteilsverkündung einen gewissen Groll vor sich herschoben, einen nicht zu verkennenden Mißmut, was denn wir, zum Teufel noch 'mal, mit dem ganzen Schlamassel zu tun haben, denn schließlich sind es nicht wir, auch das muß einmal festgehalten werden, schließlich sind es nicht wir, die in den Apfel gebissen haben. Sie haben Recht, in diesen Apfel zwar nicht, aber dafür in ein paar andere. Sie sehen, es kommt alles auf das Gleiche heraus. Neugierde kommt eben nicht nur vor, sondern auch nach dem Fall!

Der Apfel fällt nicht weit vom Stamm

Tragödien haben es nun einmal so an sich, daß sie meistens drei Akte haben. Adams Tragödie, eine klassische nebenbei, bildet darin keine Ausnahme. Die Tragödie geht also jetzt munter weiter, und wenn die Informationen aus den Geschichtsbüchern nicht ganz falsch sind, dann geht sie seit damals eigentlich immer so weiter und ein Ende, geschweige denn ein«happy end«, ist noch nicht abzusehen. Aber Kopf hoch! Nehmen Sie es nicht zu tragisch. Natürlich, die letzten Kapitel waren nicht gerade erfreulich, trotzdem, es besteht kein Grund, den Kopf hängen zu lassen. Sie wissen doch, auf Regen folgt Sonnenschein oder auf Kain folgt Abraham. Gedulden Sie sich noch ein wenig, in ein paar Kapiteln ist es soweit.

Wenn Sie einverstanden sind, bringen wir deshalb die Kains-Geschichte möglichst rasch hinter uns. Näheres wissen Sie ja ohnehin, daß das Opfer des Kain Gott dem Herrn nicht so gut gefiel wie das seines Bruders Abel, verständlich, wenn man weiß, daß Kain für sein Opfer mindere Produkte verwendete, so nach dem Motto, die tun's auch.

Sie taten es eben nicht, weshalb Kain dann etwas tat, das nicht wieder gutzumachen war. Sie wissen es, wir brauchen nicht darüber zu reden.

Nicht wahr, an dieser Geschichte erkennt man einmal wieder so schön, daß der Apfel nicht weit vom Stamm fällt . . . ? »An ihren Früchten sollt ihr sie erkennen«, wird es ein paar Jahrtausende später heißen: Das »Früchtchen« Kain ist dafür das beste Beispiel, natürlich das schlechteste.

Die Berichterstatter kommen an dieser Stelle der traurigen Pflicht nach, mit einem Ausdruck tiefsten Bedauerns feststellen zu müssen, was für Früchte die Saat getragen hat: Aus Eheleuten Gegner und aus Brüdern Feinde, von denen einer gar zum Mörder wird. Und das Motiv? Eifersucht und Neid. Wenn das nicht zum Weinen ist!

Hier sehen sich die Chronisten gezwungen, einen Nachruf auf die paradiesischen Zustände zu verfassen und den verehrten Leser in tiefer Trauer davon in Kenntnis zu setzen, daß die vormals erwähnten paradiesischen Zustände durch die gerade bekannt gewordenen Umstände soeben endgültig zu Grabe getragen worden sind. Den trauernden Hinterbliebenen möge es zum Trost gereichen, daß auch die Chronisten untröstlich sind und dem Weinen nahe.

Wie es jetzt weitergehen soll? Das wissen wir auch nicht, nur, daß es eben immer weitergeht.

Strafe muß sein

Wie es weitergeht? Nun, das wird sich jetzt zeigen.

Sie können sich vorstellen, daß Gott der Herr nicht gerade erbaut von dem war, was sich »da unten« abspielte. Da tut man alles für seine Kinder, man verwöhnt sie, liest ihnen jeden Wunsch von den Augen ab und was tun sie? Sie machen in Opposition und wollen ihr eigener Herr sein und sich nichts vorschreiben lassen. Eine saubere Brut, das muß man sagen.

Gott der Herr wäre natürlich nicht Gott der Herr, wenn er sich von solchen Gedanken beeinflussen lassen würde, wenn er natürlich auch ein »Mensch« ist und sich dann und wann Gedanken macht. Wir können von Glück sagen, daß er nicht so schnell die Lust verliert, sonst sähe es sicher ein bißchen anders in der Weltgeschichte aus, obwohl er auch da, wenn es ihm wirklich einmal zu bunt wird, ein göttliches Donnerwetter losläßt. Das braucht nicht immer mit Sturm verbunden zu sein, Kriege und Krankheiten tun's auch, und zwar nicht zu knapp. Jeder bekommt das ihm »Zustehende«, wie es die Gerechtigkeit will. Das ist kein Trost? Nein, das ist es nicht, aber, trösten Sie sich, dafür ist es gerecht.

'Mal sehen, was Gott der Herr sich für Kain ausgedacht hat, Strafe muß schließlich sein! Der interessierte Beobachter kommt nicht um die Feststellung herum, daß die Strafe Gottes auch dieses Mal der »Originalität« nicht entbehrt, wobei Bestrafung und Vergehen in einem engen Zusammenhang stehen. Womit man sündigt, wird man bestraft, das war auch damals schon so. Sie erinnern sich, daß Kains Opfer nur aus minderen Garben bestand, wofür er zur Strafe von nun an gar keine mehr fand, d .h ., ein paar müssen es schon noch gewesen sein, sonst wäre der arme Kain, der böse Kain, ja verhungert. Und das wollte Gott der Herr ja nun auch wieder nicht. Aber das ist noch nicht alles. Für den Mord, Sie sehen, Gott der Herr ist gründlich, sieht er eine lebenslängliche Emigration, also lebenslänglich »Gefängnis« vor; sogar bei uns soll es das hier und da noch geben.

Um etwaiger Lynchjustiz, wovor Kain mit Recht Furcht hatte, vorzubeugen, bekam Kain einen besonderen Ausweis, eine Art Personalausweis, der ihm das Aufenthaltsrecht und nicht zuletzt das Existenzrecht seiner Person sicherte:

»Und der Herr versah Kain mit einem Zeichen, daß keiner ihn erschlüge, der ihn anträfe.«

Gnade vor Recht – und nicht umgekehrt – das ist die Gerechtigkeit Gottes des Herrn. Leider hat es sich noch nicht überall herumgesprochen.

»Und Kain wohnte seinem Weibe bei«

Sie haben ganz richtig gehört: » Und Kain wohnte seinem Weibe bei«. Sie meinen, wir haben uns beim Zitieren geirrt? Wir können Ihnen hoch und heilig versichern, daß dies nicht der Fall ist. Was Sie soeben lasen, ist eine Information aus der Informationsquelle, deren Informationen über jeden nur möglichen Zweifel, selbstverständlich jeden dummen Gedanken eingeschlossen, erhaben ist. Mehr, glauben wir, brauchen wir nicht zu sagen. Also, Sie brauchen eigentlich nicht zu erröten, die Bibel tut es auch nicht, im Gegenteil, sie nennt die Dinge schlicht beim Namen, wobei sie kein Blatt vor den Mund nimmt, geschweige denn ein Feigenblatt. Hier versagt die Phantasie der Autoren, weshalb sie sich schleunigst wieder dem Text zuwenden:

»Als Adam 130 Jahre alt war, zeugte er einen Sohn, ihm selbst ähnlich, nach seinem Bilde; den hieß er Seth. Und nachdem Adam den Seth gezeugt, lebte er noch 800 Jahre und zeugte Söhne und Töchter. So betrug Adams ganze Lebenszeit 930 Jahre; dann starb er. Als Seth 105 Jahre alt war, zeugte er den Enos. Und nachdem Seth den Enos gezeugt, lebte er noch 807 Jahre und zeugte Söhne und Töchter. So betrug Seths ganze Lebenszeit 912 Jahre; dann starb er. Als Enos 90 Jahre alt war, zeugte er den Kenan. Und nachdem Enos den Kenan gezeugt, lebte er noch 815 Jahre und zeugte Söhne und Töchter . . .«

An dieser Stelle unterbrechen die Chronisten die Aufzählung, so schnell können sie mit dem Zeugen nicht nachkommen, und noch viel weniger mit ihren Gedanken. Sie versuchen es aber, das letztere selbstverständlich, und stellen nach anstrengenden Überlegungen fest, daß dies wirklich neue Töne sind. Bibel und . . . Sex? Darauf waren sie nun nicht gefaßt. Sie sehen nur eine Möglichkeit, aus dem Dilemma herauszukommen und damit ihre Fassung wieder zu gewinnen, indem sie sich ganz scharf auf die Sache konzentrieren, sich von nichts ablenken lassen und sich mit möglichst kühlem Kopf Schritt für Schritt heranzutasten.

Nach langem Suchen, währenddessen sich unser Kopf immer mehr abkühlt, können wir endlich, dem Himmel sei Dank, einen Erfolg vermelden. Wir haben nämlich etwas gefunden, was, nun ja, was die ganze »Sache« legitimiert, jawohl, Sie haben richtig gehört, legitimiert. Jetzt sind Sie gespannt, nicht? Doch bitte, bewahren Sie Ihre Spannung noch einen Moment, bis zur Lösung dauert's nicht mehr lange. Da, da ist sie:

»Und Gott schuf den Menschen nach seinem Bilde, nach dem Bilde Gottes schuf er ihn; als Mann und Weib schuf er sie. Und Gott segnete sie und sprach zu ihnen: Seid fruchtbar und mehret euch und füllet die Erde . . .«

Was sagen Sie nun? Da staunen Sie, nicht? Die Chronisten sind jedenfalls sehr erleichtert, daß sie aus dem Dilemma heraus sind und dem verehrten Leser die gewünschte Information liefern konnten. Sie sind darüberhinaus in der glücklichen Lage, die Mitteilung machen zu können, daß die Menschheit diesem göttlichen Wunsche einmal ausnahmsweise fast uneingeschränkt entsprochen hat. Wenigstens etwas, nicht wahr?

Da wir gerade bei diesem Thema sind, ist Ihnen nichts aufgefallen? Also, ob da Herrn Moses nicht ein Fehler unterlaufen ist? Ohne mit der Wimper zu zucken, läßt er Adam 930 Jahre alt werden, Seth 912 und den Enos 905. Ob er uns ganz einfach einen Bären aufbinden will? Also, das ist bei Moses unmöglich. Aber wie ist das nun mit dem Alter? Das gibt es doch nicht, das ist doch unmöglich, das ist doch, ja wie soll man es nennen, das ist, das ist ganz einfach . . . biblisch.

IV. Der Schlamassel geht weiter

Zustände wie im alten Rom

Kennen Sie die Zustände im alten Rom? Dann können Sie sich sicherlich vorstellen, wie es »zu jenen Zeiten« aussah.

Aus dem vor einiger Zeit noch frischen Teenager Erde war eine Frau in der Blüte ihrer Jahre geworden, mit jenem leichten Geruch von Verwelken, die Blüten auf ihrem Höhepunkt ausströmen. Dem eifrigen Beobachter blieb nicht verborgen, daß sich hier und da schon zarte Falten eingegraben hatten, was sie aber geschickt durch Make up zu kaschieren verstand. Es war allerdings nur noch eine Frage der Zeit, bis auch das beste Make up die Wahrheit nicht mehr übertünchen konnte.

Die Adams und Kains, und fast hätten wir sie vergessen, auch die Abels natürlich, hatten sich inzwischen beträchtlich vermehrt, genau wie Luxus und Wohlstand. Endlich konnte sich die Menschheit ein wenig auf Adams Lorbeeren ausruhen. Lange genug hatte es gedauert, ein paar tausend Jahre waren schließlich seit Adam ins Land gegangen. Und dementsprechend hatten sich Land und Leute geändert. Alles hat eben seinen Preis.

Um bei der Wahrheit zu bleiben, es war, alles andere wäre gelogen, es war eine sehr fortschrittliche, eine sehr fortgeschrittene Zeit. Wir heutzutage verstehen das sehr gut, denn auch wir leben in einer fortschrittlichen Zeit. Deshalb können wir uns auch so gut vorstellen, wie es damals zugegangen ist. Der Mensch, fortschrittlich, wie er war, unabhängig, wie er war, brauchte keine anderen Götter neben sich. Er hatte es da viel einfacher: Er machte sich selber zum Gott. Natürlich war keine Rede davon, die Religion abzuschaffen, viel schlimmer, man ließ sie . . . links liegen. Die eigentliche Religion war, wir genieren uns, es auszusprechen, war, nun ja, war der Bauch. Das Credo hieß: Ich glaube an den Genuß und alles, was dem Genuß dient. Und was ihm nicht diente, an das hielt man sich nicht. So einfach war das. An was man sich z.B. nicht hielt, war die Moral. Um Himmelswillen! Weg mit diesem Ladenhüter! Wenn schon Prinzipien, dann höchstens, aber allerhöchstens Pragmatismus, gepaart mit Opportunismus, das ganze dann als Toleranz verkauft. Aber wie gesagt, das war auch das allerhöchste der Gefühle. A propos Gefühle, natürlich waren sie auf ein Mindestmaß reduziert: Liebe, Nächstenliebe gar, waren so gut wie unbekannt. In einem solch aufgeklärten Zeitalter sind solche Gefühle nun wirklich überflüssig.

Die Chronisten könnten selbstverständlich noch stundenlang fortfahren, schmutzige Wäsche zu waschen. Sie wollen jedoch dem verehrten Leser die Laune nicht verderben. Deshalb brechen sie hier das Sitten-Tableau ab.

Sollten Sie sich trotzdem noch für weitere Einzelheiten interessieren, so raten wir Ihnen, die Geschichte des alten Rom zu studieren, worauf wir schon an anderer Stelle hingewiesen haben. Für den Fall, daß Sie hiermit nicht zurechtkommen, empfehlen wir Ihnen zum weiteren Studium die intensive Betrachtung unserer so geschätzten Epoche. Wir sind sicher, daß Sie hier voll auf Ihre Kosten kommen.

Noah in Sicht

Versetzen Sie sich nun für einen Augenblick in die Lage Gott des Herrn. Würde Ihnen da nicht auch der Geduldsfaden langsam aber sicher reißen? Bei Gott ist das der Fall, obwohl seine Geduld bestimmt eine Engels-Geduld, was sagen wir, eine göttliche ist (woran Sie sehen, wie schlimm es damals zugegangen sein muß).

Herr Moses macht deshalb aus Gottes Herzen auch keine Mördergrube und läßt Gottes Erregung vollen Lauf:

> »Als aber der Herr sah, daß der Menschen Bosheit groß war auf Erden, und daß alles Dichten und Trachten ihres Herzens die ganze Zeit nur böse war, da reute es den Herrn, daß er den Menschen geschaffen hatte auf Erden, und es bekümmerte ihn tief«.

Ihnen geht es jetzt sicher ähnlich wie uns: Sie ahnen nichts Gutes, kein Wunder, bei der Anhäufung von »Bösem«.

Was mag jetzt auf uns zukommen? Gnade uns Gott!

> »Und der Herr sprach: ›Ich will die Menschen, die ich geschaffen habe, vom Erdboden vertilgen, die Menschen sowohl als das Vieh, auch die kriechenden Tiere und die Vögel des Himmels; denn es reut mich, daß ich sie gemacht habe‹«.

O weh, wir sehen schon, da kommt einiges auf uns zu. Gott der Herr scheint ein Groß-Reine-Machen zu beabsichtigen, selbst die Tiere sind nicht davon ausgenommen. Aber, pardon, Gott der Herr, wenn sich uns diese Frage aufdrängt, hatten denn auch die Tiere eine Schuld? Wir Adams-Kinder sind bestimmt keine Heroen, aber hier meldet sich auch bei uns die Gerechtigkeit und stellt, wenn es erlaubt ist, einige Überlegungen an.

»Wie der Herr (Mensch), so das Gescherr«?

Ja, von der Seite haben wir es noch nicht betrachtet. Wenn das so ist, hat Gott der Herr selbstverständlich recht, abgesehen davon, daß er natürlich immer im Recht ist, weil er Gott der Herr ist. Verzeihung, Gott der Herr, wenn wir jetzt ein wenig verstört, obwohl wir noch nicht zerstört sind: Zum Totlachen ist die Situation nun wirklich nicht! Gibt es denn keine Rettung? Müssen denn alle ohne Ausnahme dran glauben? Gibt es denn keinen, der vor Dir bestehen kann?

Doch?

Wer ist es denn? Was ist er für ein Mensch? Vielleicht können wir uns eine Scheibe von ihm abschneiden.

Noah heißt er? Er sei uns willkommen. Hurra, Noah in Sicht!

Hobbyanleitung für eine Arche

Sei uns gegrüßt, Noah! Wir haben schon auf dich gewartet. Wir haben erfahren, daß du der einzige Mann bist, der gerettet werden soll. Wir möchten auch gerettet werden. Sag uns, wie müssen wir uns da verhalten?

Wir sollen es bei Herrn Moses nachschlagen? Also gut, wenn du es uns nicht sagen willst. Herr Moses, sagen Sie es uns, was Noah für ein Mensch war:

> »Noah war ein frommer Mann, unsträflich unter seinen Zeitgenossen; mit Gott wandelte er«.

Wir sind tief geknickt. Damit können wir nicht aufwarten. Also sind unsere Teilnahmerechte verwirkt. Wir bemühen den letzten Rest von Teilnahme, der uns geblieben ist, indem wir es dir, Noah, von Herzen gönnen. Jetzt haben wir nur noch eine Bitte. Kannst du uns sagen, wie du das Drama überstanden hast? Wir fragen das nicht aus Neugierde, sondern aus echtem Interesse.

Du verweist uns wieder an Moses? Das hättest du uns auch wirklich einmal selber sagen können. Aber wir wissen schon, das ist wieder die Geschichte mit dem Schweiß. In Gottes Namen denn, Moses, wo bist du?

> »Mache dir eine Arche von Tannenholz; aus lauter Zellen sollst du die Arche machen und verpiche sie inwendig und auswendig mit Pech. Und so sollst du sie machen: 300 Ellen sei die Länge der Arche, 50 Ellen ihre Breite und 30 Ellen ihre Höhe; nach der Elle sollst du sie fertigstellen. Ein Dach aber sollst du oben an der Arche machen, und die Türe der Arche sollst du an der Seite anbringen. Ein unteres, ein zweites und ein drittes Stockwerk sollst du darin machen. Ich aber lasse jetzt die Sintflut über die Erde kommen, um alles Fleisch, das Lebensodem in sich hat, unter dem Himmel zu vertilgen . . .«

Aha, so hat die Rettungsaktion also ausgesehen! Alle Achtung, da hat sich Gott der Herr etwas einfallen lassen!

Wir danken für die ausführliche Beschreibung der Arche. Nun sind wir in der Lage, sie nachzubauen. Ob zu Wochenend- oder zu Hobby-Zwekken, wissen wir noch nicht. Eines steht jedenfalls fest: Wenn es dich nicht gegeben hätte, lieber Noah, hätten wir keine Arche, geschweige denn eine Hobbyanleitung dafür.

Das Original soll sich übrigens unweit des Berges Ararat herumtreiben. Mehr können wir Ihnen, beim besten Willen, nicht verraten.

Das Wasser steht bis zum Hals

Wie die Dinge stehen, kann es ja jetzt losgehen, mit dem Regen, selbstredend! Hoffentlich sind Sie wetterfest angezogen, denn es kommt ein Hundewetter, wenn Sie wollen, ein Sintflut-Wetter auf uns zu. Da, sehen Sie die dunklen Wolken? Seit Kain hat man solche Wolken nicht mehr gesehen. Schnell ein sicheres Plätzchen gesucht. Wo? Am besten bei Noah in der Arche. Doch psst, sagen Sie es niemandem weiter, sonst wird aus dem sicheren noch ein unsicheres. Im Moment gibt es allerdings noch Platz genug. Wenn Sie aufs Oberdeck klettern, finden Sie dort eine interessante Gesellschaft; unter uns, es handelt sich um V.I.P.-Reisende, die auf ausdrücklichen Wunsch Gott des Herrn diesen Sonder-Service genießen.

Sie reisen nicht gerne in der Gesellschaft von »Very Important Persons«? Die Aussicht gefällt Ihnen nicht so? Dann gehen Sie am besten ins Unterdeck, dort treffen Sie keine . . . Tiere, sondern Noah und seine Familie. Beeilen Sie sich! Es geht gleich los. Was haben wir gesagt, da ist es auch schon, das Unwetter; wer weiß, wann es vorbei sein wird:

> ». . . und die Fenster des Himmels öffneten sich. Und der Regen strömte auf die Erde, 40 Tage und 40 Nächte lang . . ., und die Wasser wuchsen und hoben die Arche, und sie schwamm hoch über der Erde. Und die Wasser nahmen mächtig überhand und wuchsen gewaltig über der Erde und die Arche fuhr auf den Wassern dahin. Und die Wasser wurden immer mächtiger über der Erde, sodaß alle hohen Berge unter dem ganzen Himmel bedeckt wurden. 15 Ellen stiegen die Wasser darüber hinaus, sodaß die Berge bedeckt wurden. Da starb alles Fleisch dahin, das sich auf Erden regte, an Vögeln, an Vieh, an Wild und allem, was auf Erden wimmelte, auch alle Menschen. Alles, was Lebensluft atmete, was auf dem Trockenen war, das starb. So vertilgte er alle Wesen, die auf dem Erdboden waren: die Menschen sowohl als das Vieh, das Kriechende und die Vögel des Himmels, die wurden vertilgt von der Erde; nur Noah blieb übrig und was mit ihm in der Arche war . . .«

Ach, ist das angenehm, so auf dem Trockenen zu sitzen, während draußen der Regen, es schüttet wirklich zum Steinerweichen, gegen die Fensterscheiben, genauer, gegen die Archen-Luken prasselt. Sie meinen, es müßte langsam aufhören, es hätte genug geregnet? Leider müssen Sie sich noch 40 Tage plus 40 Nächte gedulden; Sie haben ja vorhin den Wetterbericht gehört.

40 Tage und 40 Nächte später . . .

Na, was haben wir gesagt: Auf Regen folgt Sonnenschein. Und es sieht so aus - warten Sie, noch nicht die Schirme zumachen – als ob die Sonne langsam wieder durchkommen würde.

Gott sei Dank, daß wir diesen Regen so gut überstanden haben!

Es ist uns ein Bedürfnis, lieber Noah, dir für deine Gastfreundschaft zu danken. Wenn wir dich nicht gehabt hätten, hätten wir mehr als im Wind, du weißt es, im strömenden Regen gestanden.

Grundvertrag No. 1

Unsere Schirme sind zwar recht lädiert, aber was soll's, wir sind noch einmal davongekommen.

Wie können wir das nur wieder gutmachen, lieber Noah?

Wir sollen uns ein Beispiel an dir nehmen?

Um Himmelswillen, wie sollen wir denn das anstellen? Du weißt doch, daß wir keinen so guten Kontakt zu »oben« mehr haben.

Wir sollten uns wieder darum bemühen?

Lieber Noah, du weißt nicht, was du von uns verlangst.

Du meinst, dann sollten wir uns auch nicht wundern?

Ja, wenn du es so siehst, dann hast du eigentlich recht. Also dann, nehmen wir uns ein Beispiel an dir, wenn es auch schwerfällt.

Du mußt uns nur sagen, was wir tun sollen.

Einen Altar bauen?

Du meinst einen Opfer-Altar? Wozu denn das in Gottes Namen?

Wie, um Gott zu versöhnen?

Aber wir bitten dich, Noah, wir sind doch nicht Noah!

Einen anderen modus vivendi siehst du nicht?

Okay, wir werden es uns überlegen. Aber sag uns inzwischen, wie es dir ergangen ist, nach deinem Opfer. Hast du denn Gott den Herrn versöhnt?

Ja?

Oh, das freut uns.

Und wie, entschuldige die etwas indiskrete Frage, wie hat sich das denn geäußert?

In einem Vertrag?

Sag bloß, ist das denn die Möglichkeit? Das mußt du uns unbedingt genauer erzählen. Was genau hat Gott der Herr gesagt?

> »Ich aber, siehe, ich richte einen Bund auf mit euch und euren Nachkommen und mit allen lebenden Wesen, die bei euch sind, Vögeln, Vieh und allem Wild des Feldes bei euch, mit allen, die aus der Arche gekommen sind. Ich will einen Bund mit euch aufrichten, daß niemals wieder alles Fleisch von den Wassern der

Sintflut soll ausgerottet werden und niemals wieder eine Sintflut kommen soll, die Erde zu verderben«.

Aha, so war das! Doch wozu, entschuldige die dumme Frage, war dieser Vertrag gut? Du mußt wissen, wir stellen diese Fragen nicht von ungefähr. Auch wir heute schließen nämlich Verträge, doch vor lauter Verträgen wissen wir in den seltensten Fällen, was wir vertraglich vereinbart haben.

Du meinst, es sei ein Grundvertrag gewesen?

Das interessiert uns sehr, denn auch uns ist der Begriff Grundvertrag nicht unbekannt.

Er soll das Lebens-Recht zum Inhalt gehabt haben?

Donnerwetter, das ist uns neu! Bei uns wird zwar auch das Existenz-Recht vertraglich abgesichert, aber das Recht zu leben, wie dein Grundvertrag es vorsieht, ist damit noch keineswegs gesichert. Andere Zeiten, andere Verträge, kann man da nur sagen!

Bummel durch Babylon

An und für sich würde es sich aus Gründen der Exaktheit gehören, an dieser Stelle, die Bibel tut es schließlich auch, ausführlich auf die zahlreiche, genauer gesagt, auf die überaus zahlreiche Nachkommenschaft Noahs einzugehen. Wir schenken uns dies aber, da wir, wie wir meinen, die wirklichkeitsnahe Hoffnung nähren, daß der verehrte Leser auch so weiß, worum es geht. In der hoffenden Annahme, daß wir Ihr gütiges Einverständnis voraussetzen dürfen, überschlagen wir deshalb ein paar ausführliche Zeilen und treffen uns dafür auf einem herrlichen Fleckchen Erde wieder, das sich allerdings bei näherem Hinsehen mehr als Flecken und bei noch näherem als Riesen-Metropole herausstellt.

Noch heute können Sie die Spuren dieser imposanten Stadt - wenngleich sie auch heute eher ein Schatten ihrer selbst ist – etwa 80 km von Bagdad entfernt, entdecken. Sie haben natürlich längst erraten, daß es sich um die Stadt Babylon handelt, auch unter dem Namen »Babel« bekannt. Hand aufs Herz, was haben Sie gerade gedacht, als Sie den Namen Babel hörten? An »Sündenbabel«, »Hure Babylon« und dergleichen? Auch wir gestehen, daß wir gleich »daran« gedacht haben, woran man 'mal wieder sieht, daß die »Moralisten« der Bibel, die Jimmy Carters vom Stamme Daniels und Jeremias saubere Arbeit geleistet haben, denn ihnen hat Babel in erster Linie diesen schlechten Ruf zu verdanken. Daß an diesem Ruf etwas dran war, und nicht nur etwas, das werden wir gleich auf unserem Stadtbummel noch genauer sehen. Gedulden Sie sich also noch ein paar Zeilen! Eins dürfte allerdings inzwischen klar geworden sein, daß es sich um eine Stadt mit Vergangenheit handelt. Und was für eine!

Welchen bedeutenden Mann, welchen stürmischen Eroberer hat sie in ihrer tausendjährigen Blütezeit nicht in ihren Armen aufgenommen, ob sie Hammurabi, Nebukadnezar, Tiglatpileser, Sargon, Sanherib, Assurbanipal, Cyros oder Alexander hießen! Und keine der Eroberungen blieb ohne Folgen. Der große Hammurabi z.B. [1] hinterließ ihr sein liebstes Kind: Den Kodex Hammurabi, die Magna Charta der Menschenrechte jener Zeit.

Wie wär's, haben Sie Lust, einen Bummel durch Babylon zu machen? Wir zeigen Ihnen die interessantesten Sehenswürdigkeiten, auch das bestimmte Viertel . . . na, Sie wissen schon!

Am besten fangen wir bei der bekanntesten Sehenswürdigkeit an, den berühmten »Hängenden Gärten«, die zu den Sieben Weltwundern der Antike gehören. Bis heute hat sich hartnäckig das Gerücht gehalten, daß die sagenhafte Königin Semiramis von Assyrien sie erbaut haben soll. Hierbei scheint es sich jedoch wohl um eine Zeitungsente zu handeln, denn soweit mittlerweile bekannt geworden ist, zeichnet König Nebukadnezar II[2] aller Wahrscheinlichkeit nach für ihre Erbauung verantwortlich. Der rührende Ehemann wollte damit seiner Frau, einer medischen Prinzessin, die stark unter Heimweh litt, eine Freude machen. Auf einem 42 x 30 m großen Grundriß ließ er verschiedene kleinere Terrassen anlegen und mit Sträuchern, Blumen und Bäumen bepflanzen. In einem Gebäude darunter lagen Schöpfbrunnen, von denen mit Hilfe von Paternoster-Aufzügen Wasser von Terrassenstufe zu Terrassenstufe transportiert werden konnte. Natürlich ist das nur eine der vielen Sehenswürdigkeiten, die die Weltstadt von immerhin ca. 300.000 Einwohnern zu bieten hat.

So viele Einwohner hat sie allerdings nicht immer gehabt. Zu den Zeiten, die Berichterstatter Moses erwähnt, dürften es einige Nullen weniger gewesen sein, nicht erstaunlich, wenn man ungefähr 1000 Jahre abrechnet. Und da wir gerade so schön beim Rechnen sind: Zieht man weitere 300 Jahre ab, dann erwischen wir gerade noch Noah, wie er soeben die Arche verläßt. Kompliziert? Keine Spur, wenn man annimmt, daß sich die besagte Flut etwa 2000 Jahre v. Chr. abgespielt hat.[3]

Nachdem wir Sie lange genug mit Zahlen gelangweilt haben, nun wieder etwas fürs Auge. Wir befinden uns nämlich jetzt in der Innenstadt, spüren Sie das pulsierende Leben? Hier findet man tout Babylon. Sehen Sie dort, das ist eine der bekanntesten Banken, »Egibi Söhne«, aber unter uns, leihen Sie sich hier kein Geld, denn die Zinssätze sind außerordentlich hoch. Von Geld versteht man in Babylon etwas, nicht zu Unrecht ist die Stadt als Finanz- und Handelszentrum berühmt, was der bekannte Emigrant Ezechiel,

1 Hammurabi:1728 – 1686 v.Chr.
2 Nebukadnezar II: 605 – 562 v.Chr.
3 Möglicherweise hat die Sintflut aber auch um 4000 v.Chr. stattgefunden.

der hier leben muß, etwas despektierlich mit » Händlerstadt im Krämerland« ausdrückt.

Billig ist das Leben hier nicht. Das einzige, was man einigermaßen preiswert erwerben kann, sind Arbeitskräfte. Ein Sklave kostet im Durchschnitt 40 Schekel, was dem Preis von 2 Rindern oder 20 Ziegen entspricht. Für einen Esel müssen Sie etwa 30 Schekel auf den Tisch legen.

Da wir Ihnen versprochen haben, Sie auch in das bestimmte Viertel zu führen, und wir unser Versprechen halten wollen: Voilà, der Tempel der Ischtar. Es tut uns leid, daß es ausgerechnet ein Tempel sein muß, aber leider liegt das nicht in unserer Hand. Der Ischtar-Tempel, einer von fünfzig übrigens, ist sehr bekannt; keineswegs nur stadtbekannt. Dies wissen wir von Herrn Herodot[4], dem Geschichtsschreiber aus Griechenland, der dieser Stadt und diesem Tempel einmal als Tourist einen Besuch abstattete, wobei er folgende »äußerst häßliche Sitte« in seinem Tagebuch notiert:

»Jede Babylonierin muß sich einmal in ihrem Leben in den Tempel der Aphrodite (Ischtar) begeben, dort niedersitzen und sich einem Manne aus der Fremde preisgeben . . . Es sind viele zur gleichen Zeit da; die einen kommen, die anderen gehen. Geradlinige Gassen nach jeder Richtung ziehen sich durch die harrenden Frauen, und die fremden Männer schreiten hindurch und wählen sich eine aus. Hat sich einmal eine Frau hier niedergelassen, so darf sie nicht eher nach Hause zurückkehren, als bis einer der Fremden ihr Geld in den Schoß geworfen und sich draußen außerhalb des Heiligtums mit ihr vereinigt hat.«[5]

Jetzt kann man schon eher verstehen, warum Daniel & Co über die »Hure Babylon« gewettert haben, nicht? Aber es kommt noch doller! Das, was Herodot gesehen hat, war noch keineswegs die eigentliche Prostitution, die Tempelprostitution, die ebenfalls im Tempel der Ischtar blühte. Nach dem, was man so hört, sollen bis zu 10.000 Tempeldirnen in den Höfen und umliegenden Gebäuden ihrem horizontalen Gewerbe nachgegangen sein.

Na, haben wir zu wenig versprochen? O je, Sie sehen so erschöpft aus! Das wollten wir nicht. Kommen Sie, wir bringen Sie wieder auf andere Gedanken. Folgen Sie uns, es ist nicht weit, nur ungefähr 1.000 Jahre zurück. Hier geht es bedeutend gemächlicher zu, was an den Ziegelsteinen liegt, die langsam Stein auf Stein aufeinandergehäuft werden müssen. Das dauert ein Weilchen, aber auch der erste Wolkenkratzer braucht eben seine Zeit.

4 Herodot: um 485 v.Chr., gest. 425 v.Chr.
5 aus: Herodot, Historien, Buch I; Übers. A. Horneffer, Stuttgart 1955.

Wir hoffen, Sie haben den Transfer gut überstanden.

Sie möchten lieber noch einen Moment pausieren? Auch gut. Dann geben wir Ihnen inzwischen, falls es Ihnen recht ist, schnell ein paar Vorinformationen. Um Sie nicht mit unwichtigen Details aufzuhalten, halten wir uns am besten an Chefberichterstatter Moses, dessen Ausführungen auch in diesem Falle wieder einmal mehr als präzise sind:

»Es hatte aber alle Welt einerlei Sprache und einerlei Worte. Als sie nun (die Völker) im Osten aufbrachen, fanden sie eine Ebene im Lande Sinear und sie ließen sich dort nieder«.

Die Chronisten haben natürlich, getreu der Chronistenpflicht, die Angaben, auch wenn sie vom hochverehrten Herrn Moses stammen, genauestens überprüft. Sie stellen fest, daß sie auch dieses Mal stimmen: Die Babylonier stammen nämlich vom Volk Sinear, auch unter dem Namen Volk der Sumerer bekannt, ab. Darüberhinaus sind die Chronisten überaus stolz darauf, noch etwas entdeckt zu haben, was sie dem verehrten Leser natürlich nicht vorenthalten möchten. Sie haben nämlich durch intensives Studium von Nachschlagewerken und Lexica herausgefunden, daß . . . wir hoffen, Sie wissen es auch zu würdigen, . . . falls Sie es nicht schon wissen, die Sumerer die Erfinder . . . raten Sie 'mal von was . . . der Schrift, genauer gesagt, der Keilschrift gewesen sind, wodurch sie in der Lage waren, die damals wirklich einmalig war, endlich einmal das zu schreiben, was sie schon seit längerer Zeit aufschreiben wollten: Das berühmte Gilgamesch-Epos, ein Heldengedicht – wie könnte es anders sein – in elf Gesängen, von denen einer, höre und staune, einen Flutgesang, besser, Flutbericht, Sie wissen von welcher, enthält. Um Sie nicht mit weiteren Informationen darüber, daß die alten Babylonier auch Pioniere der Astronomie und ihrer Zwillingsschwester, der Astrologie, Meister der Medizin und Mathematik, ganz abgesehen von der Architektur, gewesen sind, zu langweilen, ziehen wir uns an dieser Stelle zurück und überlassen die Szene wichtigeren Leuten, in diesem Falle den Bauleuten. Aber bitte, seien Sie leise, sonst kann man nicht verstehen, was sie sagen. Danke!

»Wohlan, laßt uns Ziegel streichen und hart brennen! . . . Wohlan, laßt uns eine Stadt bauen und einen Turm, dessen Spitze bis in den Himmel reicht; so wollen wir uns ein Denkmal schaffen, damit wir uns nicht über die ganze Erde zerstreuen«.

Merkwürdiger Ton von Bauleuten, finden Sie nicht? Seit wann schaffen sich Bauleute ein Denkmal . . . um sich nicht über die ganze Erde zu zerstreuen?

»Da fuhr der Herr hernieder, um die Stadt zu besehen und den Turm, den die Menschenkinder gebaut hatten. Und der Herr sprach: Siehe, sie sind ein Volk

> und haben alle eine Sprache. Und dies ist erst der Anfang ihres Tuns; nunmehr wird ihnen nichts unmöglich sein, was immer sie sich vornehmen«.

Und was der Mensch sich vornimmt, nun, Sie wissen es selbst, ist nun 'mal, leider Gottes, seit Adam meist nichts Gutes, das weiß auch Gott der Herr:

> »Wohlan, laßt uns hinabfahren und daselbst ihre Sprache verwirren, daß keiner mehr des anderen Sprache verstehe«.

Der Rest der Geschichte ist uns leider allzu bekannt: Die »Babylonische Sprachenverwirrung«. Seit damals folgt sie uns auf Schritt und Tritt und schafft nicht nur eine Sprache nach der anderen, sondern auch – selbst wenn man die gleiche Sprache spricht – ein Mißverständnis nach dem anderen.

Es liegt uns völlig fern, uns an dieser Stelle auf einen bekannten Mann zu berufen, der der unmißverständlichen Meinung war, doch wem sagen wir das?:

> »Das eben ist der Fluch der bösen Tat (des schlechten Apfels), daß sie fortzeugend immer Böses (Mißverständliches) muß gebären«,

weshalb wir denn auch schleunigst Herrn Schiller wieder ins Bücherregal stellen und uns dem vorliegenden Buch widmen.

Highlife in der Höhe

Nicht wahr, wenn die Bauleute nicht so hoch hinaus gewollt hätten, dann . . . aber es hat nun eben nicht sollen sein, daß, nun ja, daß der Name Babel

> »weil der Herr daselbst die Sprache aller Welt verwirrt und sie von dort über die ganze Erde zerstreut hat«,

nicht »Verwirrung« bedeutet. Verwirrend, nicht? Aber trösten Sie sich, dafür hat es sollen sein, daß Nebukadnezar II rund 1.000 Jahre später sich des geplanten Baues wieder annimmt und ihn vollenden ließ.

Dank intensiver Anstrengungen ist es uns gelungen, ein entsprechendes Modell aufzutreiben, daß Sie nunmehr bewundern können.

Wenn es stimmen sollte, wir haben so etwas läuten gehört, daß der von Nebukadnezar II errichtete Turm weitestgehend dem Original entspricht, dann wäre es unserer Meinung nach nicht fair, Ihnen weitere Einzelheiten darüber vorzuenthalten, wie z.B.: daß sein Inneres aus Lehm und Ton bestand, um den in einer Dicke von 15 Metern eine Verschalung von gebrannten Ziegeln gelegt war, so daß sich ein Grundriß von 190 x 190 m ergab. Auch dürften wir Ihnen nicht verschweigen, daß das erste Stockwerk eine Seitenlänge von 90 m und eine Höhe von 33 m hatte und das zweite Stockwerk bereits 6 Meter nach innen gerückt war, bei einer Seitenlänge von 78 Metern und einer Höhe von 18 Metern, und last not least, daß die folgenden Stockwerke Seitenlängen von 60, 51, 42 und 33 Metern, bei jeweils 6 Meter

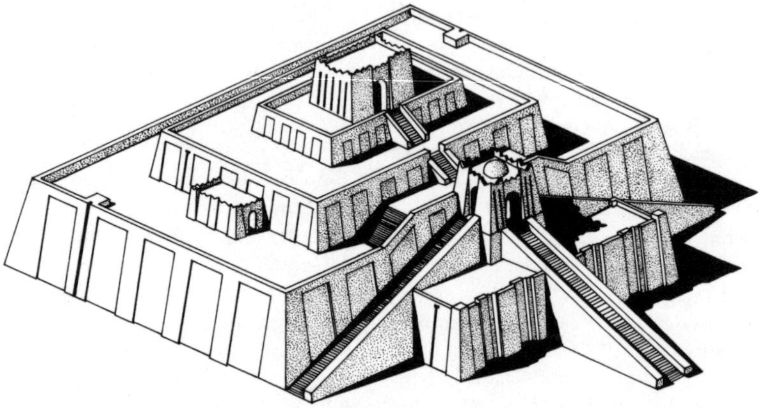

Höhe, aufwiesen. Entre nous, falls Sie Schwierigkeiten beim Zählen haben sollten: Die Basis des Turmes wird bereits als Stockwerk gerechnet.

Auf der letzten Etage, auch dies wollen wir Ihnen enthüllen, erhob sich als siebentes und letztes Gebäude mit einer Höhe von 15 Metern das sogenannte Hochzeitshaus des Gottes, nein, nicht das von Gott dem Herrn, er hatte so etwas nicht nötig, sondern das von Marduk, dem obersten Gott Babylons. Wir nähern uns jetzt dem letzten Bezirk des »Etemenanki«, dem »Bauwerk des Fundaments von Himmel und Erde«, dem nicht zu übersehenden Symbol dafür, wie tief die Menschen, auch die Götter, seit Adam und Eva schon gesunken sind.

Wenn man Nebukadnezar II Glauben schenken darf, dann muß es dort »oben« nicht schlecht ausgesehen haben, mit anderen Worten, wie es sich für ein Hochzeitshaus gehört: Himmelblau – blauglasierte Ziegel, die möglicherweise – für diese Information können die Chronisten allerdings nicht die Hand ins Feuer legen – noch mit glänzenden, metallüberzogenen Hörnern geschmückt waren, wobei selbstverständlich Assoziationen von »aufgesetzten Hörnern« völlig fehl am Platze sind.

Falls Sie Näheres über das »Innenleben« wissen wollen, brauchen Sie nur Herrn Herodot, der uns vorhin schon über den Weg gelaufen ist, zu fragen, er kennt sich hier bestens aus:

> »Im Tempel steht ein großes, schön bereitetes Bett und daneben ein goldener Tisch, aber kein Bild ist darin aufgerichtet, auch übernachtet kein Mensch dort, außer zuweilen ein einheimisches Weib, das sich der Gott selbst auserkoren hat, wie jedenfalls die Chaldäer, das sind die Priester des Gottes, behaupten. Diese Priester erzählen auch – was ich aber nicht glaube – der Gott komme zuweilen in den Tempel und schlafe auf dem Bett.«[6]

6 aus: Herodot, Historien, Buch I; Übers. A. Horneffer, Stuttgart 1955.

Wie wir Sie kennen, wollen Sie natürlich jetzt noch wissen, wie man zu dem Hochzeitstempel gelangt. Wenn Sie versprechen, den Gott nicht zu stören, verraten wir Ihnen, daß es zwei Aufstiegsmöglichkeiten gibt: Eine gewaltige Freitreppe von Süden, die bis zur Plattform des zweiten Geschosses führt, sowie zwei andere, die von Ost und West kommend bis zum ersten Stockwerk führen, und sich, dort wendend, zum zweiten fortsetzen. Vom dritten Stockwerk an beginnt eine Gangbahn entlang der Rampe rund um die Stockwerke herum bis zur Plattform vor dem Hochzeitshaus, mit anderen Worten, es ist alles genau, wie Sie es auf dem mitgebrachten Modell sehen können. Von der obersten Plattform, vom Hochzeitsgemach – wir denken, damit begehen wir keine Indiskretion – muß sich ein herrlicher Panoramablick, von einer Höhe von 90 Metern, ergeben haben.

Jetzt haben Sie es auch geschafft! Uff, der Weg bis hier war ganz schön anstrengend! Mit Rosen war er jedenfalls nicht bestreut; aber dafür genießen wir jetzt den Rundblick mit einem entsprechenden Ausblick. Denn wenn wir uns ein wenig anstrengen, erkennen wir, inmitten der Wolken und Gewitter, auch einen Lichtblick: . . . Abraham!

V. Endlich ein Lichtblick

Alle Achtung, Abram

Wie schön, dich endlich zu treffen, Abraham, verzeih, du heißt ja noch Abram. Lange genug haben wir auf dich warten müssen. Doch das zählt jetzt nicht mehr. Laß dich erst einmal herzlich umarmen. Du siehst gut aus. Wie alt bist du? Na ja, mit deinen fast 80 Jahren bist du ja noch ein junger Mann.

Schön ist es hier, in Ur[1]. Was für eine prächtige Vegetation: Weizen-, Gerstenfelder, diese üppigen Dattelpalmen und Feigenbäume und dann erst dieses ausgeklügelte Bewässerungssystem von schnurgeraden Kanälen und Gräben. Du mußt uns einmal verraten, wie man das macht. Und diese herrlichen Villen, mit ihren vielen Räumen. Sie scheinen sogar zweistöckig zu sein. Dürfen wir einmal eine besichtigen?

Hübsch, die kleine Vorhalle, wo man sich die Hände - was, auch die Füße? - waschen kann. Interessant, dieser Innenhof. Das Pflaster ist besonders schön. Wie praktisch, daß man von hier in alle Räume gehen kann: Empfangssalon, Küche, Wohnräume, Zimmer für das Personal. Aber was ist das denn da? Ach so, eine Hauskapelle. Sicher das Haus eines Priesters. Nein? Kapellen habt ihr in allen Häusern? Donnerwetter, seid ihr fromm!

Wo habt ihr denn die »sanitären Verhältnisse«? Unter der steinernen Treppe da? Gut zu wissen, für alle Fälle. Welche Räume gibt es denn dort oben? Wahrscheinlich die Privaträume und die Gästezimmer.

Unter uns Apfelgeschädigten, Abram: Wenn man das alles so sieht, wird man dann nicht ein wenig neidisch? Möchtest du da nicht dein Zelt mit solch einem Luxus-Objekt vertauschen?

Doch wenn wir es recht überlegen: Wir können dich verstehen. Du kannst dein Zelt überall aufschlagen. Anspruchsvoll, wie wir nun einmal heute sind, nennen wir dies Mobilität des Wohn- und Arbeitsplatzes.

Wir können nur staunen, Abram, was bei euch – wie nennt ihr das doch gleich? „Fruchtbarer Halbmond" – los ist, wo die übrige Welt mehr oder weniger noch hinter dem Mond lebt.

Aber wem sagen wir das? Du weißt es selbst am besten: Überall sonst ist man gerade dabei, von den Bäumen zu klettern und den aufrechten Gang einzuführen – wenn du uns diese orientalische Übertreibung gestattest.

Warum schaust du eigentlich immer nach oben? Erwartest du Besuch? Dann wollen wir selbstverständlich nicht länger stören. Bis nachher dann, wenn's dir recht ist.

1 Ur ist heute eine Bahnstation, ca. 200 km nördlich von Basra, nicht weit vom Persischen Golf.

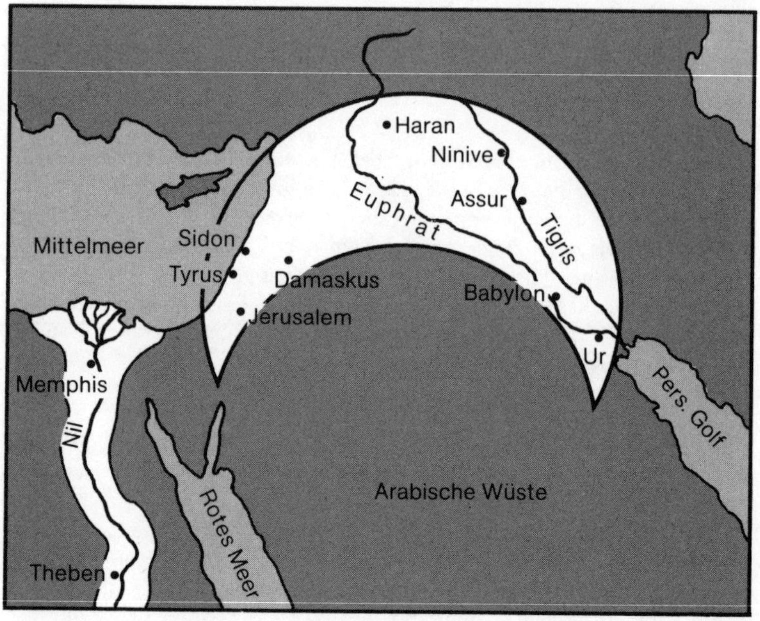

Die Chronisten können sich des Eindrucks nicht erwehren, bei dem bevorstehenden hohen, um nicht zu sagen, höchsten Besuch, völlig fehl am Platze zu sein. Nicht erstaunlich, bei Apfel-Konsumenten! Sie sind jedoch in der glücklichen Lage, dem verehrten Leser trotzdem mitteilen zu können, was sich danach abgespielt hat, denn: Moses macht's möglich, er war nämlich qua Amt immer dabei:

> »Und der Herr sprach zu Abram: Ziehe hinweg aus deinem Vaterlande und aus deiner Verwandtschaft und aus deines Vaters Hause in das Land, das ich dir zeigen werde; so will ich dich zu einem großen Volke machen und dich segnen und deinen Namen berühmt machen, daß er zum Segensworte wird«. (Übrigens: was es sonst noch so an Verheißungen gab, Moses verrät es.)

Wird sich Abram darauf einlassen? Würden Sie das machen? Uns jedenfalls wird es bei dem Gedanken ein bißchen mulmig.

Wie wird sich Abram verhalten? Vor lauter Aufregung verschlägt es uns die Sprache - natürlich die Schreibe, weshalb wir froh sind, uns an Moses hängen zu können:

> »Da zog Abram hin, wie ihm der Herr geboten hatte . . .«

Alle Achtung, Donnerwetter, Abram, das nennen wir mutig! Aber ist das nicht ein bißchen waghalsig? So mir nichts, dir nichts, praktisch von heute auf morgen eine gesicherte Existenz aufgeben?

Mit ungewissem Ziel und Ausgang? Und möglicherweise in eine Gegend, wo sich die Füchse gute Nacht sagen? Sicher, Gott der Herr verspricht dir auch etwas dafür: Segen und so. Aber trotzdem und überhaupt . . . Und dann sicher auch noch das Theater mit deiner Frau, der guten Sarai, die doch bestimmt alles andere als begeistert war, ganz zu schweigen vom übrigen Familien-Clan und »all den Leuten, die ihr erworben hattet«. Und wenn wir allein an die Umzugsprozedur denken: Haushalt auflösen, geeignete Transport-Unternehmer finden – ach so, ihr seid ja euer eigener, durch die Esel - trotzdem! Da kann man nur sagen (und wir tun es hiermit): Hut ab, Abram!

Du meinst, das sei alles nur eine Sache des Vertrauens? Aber entschuldige einmal, das haben wir selbstverständlich auch. Aber wir würden doch deswegen nicht gleich unsere gesamte Existenz auf's Spiel setzen. Man braucht doch Sicherheit!

Unser Vertrauen sei nicht stark genug? Na hör 'mal, wir glauben doch auch an Gott.

Du brauchst gar nicht so skeptisch zu gucken – jeden Monat zahlen wir nämlich Kirchensteuer.

Das sei kein Argument? Auf den heißen Draht nach oben kommt es an? Ach so, so siehst du das! Tja, wenn du das so siehst . . . Aber immerhin: Der Draht hat ja auch schon ein paar Jahrtausende auf dem Buckel. Rost ist da nur natürlich.

Wir hätten ein Anti-Rost-Mittel nehmen sollen? Abram, das kann doch nicht dein Ernst sein! Was soll man denn noch alles machen?!

Was? Wir sollen uns nicht so anstellen? Täglich ein wenig davon hätte schon genügt? Wie meinst du das?

Öfter 'mal mit »zuhause« telefonieren? Ja, sogar täglich? Und dann bleibt die Leitung rostfrei? Aber Abram, weißt du denn nicht, was uns das kostet?

Es bringt viel mehr ein, als es kostet??! Top, das ist ein Wort, denn du mußt wissen, der Gewinn steht für uns heute ganz oben an. Aber bevor du die Stirn runzelst: Selbst bei uns heiligt nicht immer der Scheck die Mittel.

Wir wollen dich jetzt nicht länger aufhalten, denn wir wissen, du mußt packen. Oder gehörst du auch zu den Paschas, die gerne die Verantwortung, aber nicht die Möbel tragen? Doch nichts für ungut, Abram!

An dieser Stelle ziehen sich die Chronisten in ein bereits leergeräumtes Zelt zurück, um über etwas nachzudenken, das sie schon seit geraumer Zeit bewegt. Sicherlich ist es Ihnen auch aufgefallen, daß die Bibel besonders Markantes in besonders schlichte Worte kleidet.

Sie erinnern sich an die Apfelgeschichte: ». . . und sie nahm von seiner Frucht und aß und gab auch ihrem Manne neben ihr, und er aß«.

Oder, gerade erst vor einigen Minuten: »Da zog Abram hin, wie ihm der Herr geboten hatte . . .«

Traurig stellen die Chronisten fest, daß sie hiermit nicht konkurrieren können. Sie sind auf viele Worte angewiesen, und selbst dann laufen sie Gefahr, mißverstanden zu werden.

Sie trösten sich aber ein wenig mit dem Gedanken, daß die 10 Gebote aus 121 Worten bestehen, die Unabhängigkeitserklärung der Vereinigten Staaten von Nordamerika schon aus ein paar mehr und aus wie vielen erst die Europäische Eiermarkt-Ordnung, das kann man nicht an fünf Fingern abzählen.

Doch Schluß jetzt mit diesen tiefschürfenden Betrachtungen, sonst verpassen wir noch die Esel, die uns Abram zur Verfügung gestellt hat.

Auf der Route gen Süden

Das hat man nun von seinen Meditationen: Esel gibt's genug, aber die Leute, auf die es ankommt, sind nicht da oder schon weg. Glücklicherweise gibt es Straßenkarten. Wir verlassen uns auf die folgende, die recht präzise zu sein scheint:

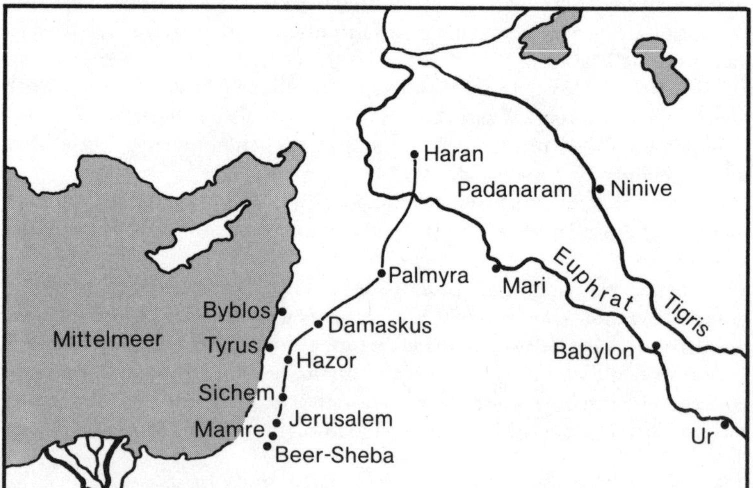

Im Eselstrab machen wir uns auf den Weg, Abram & Co. einzuholen. Die Route Internationale – damals nannte man das Karawanenstraße – führt vom Ausgangspunkt Haran (hier hatten Abrams zuletzt gewohnt) über den Euphrat zunächst zur Oase Palmyra, dem Verkehrsknotenpunkt von Indien, Persien und Europa. Und weiter geht es über das auch heute bekannte Damaskus, Hazor, bis nach Sichem, ganz in der Nähe vom heutigen Nablus.

Wenn die Informationen unseres »Guide Moses« stimmen (und Moses hat immer recht), werden wir den Clan dort unter der Orakel-Terebinthe finden. Wer kennt sie nicht (wir zum Beispiel, deshalb haben wir auch dicke Bücher gewälzt), diese Terebinthe, auch unter dem prosaischen Namen Terpentinpistazie bekannt, deren durch Blattläuse erzeugte Blattgallen im Orient zum Färben von Weinen und Seide benutzt werden. Unter der Terebinthe lassen wir's jetzt einmal orakeln: Da ist doch etwas passiert! Richtig:

> »Da erschien der Herr dem Abram und sprach zu ihm: ›Deinen Nachkommen will ich dieses Land geben‹«.

Unsere Gratulation, Abram! Bis jetzt scheint sich der Umzug ja gelohnt zu haben. Offensichtlich siehst du es genauso, denn sonst hättest du wohl kaum – wie nennt ihr das? – einen Altar errichtet. So habt ihr euch also . . . – wie nennen wir das eigentlich? – ach so, dankbar gezeigt. Die Chronisten entschuldigen sich dafür, das richtige Wort erst nach mehreren Anläufen gefunden zu haben. Sie können es nur damit erklären, daß sie ihm so selten begegnen. Hoffentlich ist es bei Ihnen anders. Mit diesem frommen Wunsch auf den Lippen, kehren wir zu Abram ins Land Kanaan zurück.

Kanaan, »Land des Purpurs«! Ein paar Jahrhunderte später sollte daraus das »Gelobte Land« werden, »in dem Milch und Honig fließt«.

Aber soweit sind wir noch nicht. Die Chronistenpflicht gebietet es, noch die beiden letzten bekannten Orte zu streifen, die Abram vor seiner Ankunft im Südland passiert hat: Den späteren berühmten Wallfahrtsort Bethel und Ai, eine Königsstadt der Kanaanäer.

Jetzt habt ihr es endlich geschafft, ihr Globetrotter vom Stamme Adams. Nun ruht euch erst 'mal aus! In diesem Sinne: Sit down, Nomade.

Schön ist anders

Wie gefällt es dir denn auf dem neuen Fleckchen Erde? Entspricht es deinen Vorstellungen? Unseren entspricht es nicht: Wir haben ein schönes, großes Land erwartet, mit üppiger Vegetation und vor allem Kultur und Zivilisation, die sich in einem angemessenen Lebensstandard äußert. Wir sind da von deiner Heimat Chaldäa einiges gewöhnt. Aber das hier, entschuldige, das ist mehr als »pauvre«: Klein und mickrig kann man da nur sagen, nicht größer als . . . tja, was könnte man als Vergleich heranziehen, nicht größer als, du wirst es wahrscheinlich nicht kennen, . . . Sardinien.

Wohin man blickt, mehr oder weniger Wüste, von ein paar müden Siedlungen, wo sich nun wirklich die Füchse gute Nacht sagen, abgesehen, die im übrigen noch nicht einmal sicher sind, denn wir haben gehört, daß sich dort bewaffnete Gangsterbanden herumtreiben, die bei Nacht und Nebel harmlose Bürger überfallen und ihnen ihre gesamte Barschaft, also Vieh und Erntegut, wegnehmen. Übrigens, Kollegen von dir: Nomaden. Und unter wirtschaftlichen Gesichtspunkten kannst du die Gegend allemal vergessen: Hier blüht weder Handel noch Industrie. Wer hier auf einen grünen Zweig kommen will, muß sich schon mächtig anstrengen.

Und was die politischen Verhältnisse angeht, da kann man nur sagen, ein unruhigeres Plätzchen hättest du dir kaum aussuchen können: Obwohl nur ein kleiner Punkt auf der Landkarte, ist es begehrter Spielball der Großmächte, der Herren vom Nil auf der einen, der Herren von Euphrat und Tigris auf der anderen Seite. Zur Zeit herrscht hier der große Bruder vom Nil und morgen werden es die Assyrer und Babylonier sein, bis dann die Perser, Griechen und Römer kommen und selbst heute ist dort unten noch keine Ruhe eingekehrt. Also Abram, alles in allem, findest du das schön? Wir nicht! Unserer Meinung nach hättest du ein schöneres Fleckchen verdient.

Es liegt uns natürlich völlig fern, deinem Gott dafür irgendwelche Vorhaltungen machen zu wollen, schließlich wissen wir – trotz des Apfel-Malheurs – was sich gehört; trotzdem, ganz unter uns, nach all dem »trouble«, dem du dich unterzogen hast, nicht zuletzt um Seinetwillen – immerhin hat er es ja so gewollt – ist das Ergebnis nicht berauschend.

Warum schaust du uns so ungehalten an? Haben wir einen wunden Punkt bei dir berührt? Aber Abram, wir wollten dich doch nicht verletzen. Wir wollen doch nur dein Bestes!

Das wisse Gott der Herr am besten? Gewiß Abram, das bezweifelt ja niemand. Im Gegenteil, auch wir sind ganz entschieden dieser Meinung. Was wir meinten, war doch nur . . . Aber wir sehen schon, es hat keinen Zweck, mit dir darüber zu diskutieren, du hältst Gott dem Herrn die Partie und tadelst uns höchstens noch, daß wir es nicht verstehen – obwohl wir es seit ein paar tausend Jahren verstehen sollten – daß die Wege Gottes eben andere als die des Menschen sind und gerade deswegen zum Ziele führen. Verzeih uns, Abram und nicht nur Abram, wir haben es nicht bös' gemeint. Es war, es war wieder einmal mehr ein Apfelkern, der sich verirrte und uns verwirrte.

Ach ja, manchmal liegt einem der vermaledeite Apfel schon schwer im Magen! Geht es Ihnen auch so, daß die Ungeduld manchmal mit Ihnen durchgeht und Sie die Frage »wann wird er endlich kommen, der Tag, an dem ein Kraut dagegen gefunden wird?« nur unter Aufbietung aller noch gebliebenen Energie zurückhalten können? Leider wissen auch die Chronisten, und hier haben sie ausnahmsweise ihre Bibellektion einmal gut gelernt, daß »jedes Ding unter dem Himmel seine Zeit hat«. Unter uns, es hat ganz den Anschein, als ob es bis dahin noch eine ganze Weile dauert.

Als Gastarbeiter nach Ägypten

Besonders lange scheinst du dich ja in deiner neuen Heimat nicht aufgehalten zu haben, denn dein Hofberichterstatter Moses teilt uns auf seine lakonische Art mit, daß du nach Ägypten gezogen seiest, »um dort eine Weile zu verbleiben«. Na, hat es dir vielleicht doch nicht so gut gefallen, wie du anfangs geglaubt hast? Du kannst es ruhig zugeben, wir sagen auch manchmal etwas anderes, als wir meinen. Einmal deutsch gesprochen: Hattest du es etwa satt?

Nein? Du wurdest nur nicht satt? Das müssen wir genauer überprüfen, wo ist denn nur unsere Brille, aha, da ist sie, laß sehen, Moses:

> »Es kam aber eine Hungersnot über das Land . . .die Hungersnot lastete schwer auf dem Lande«.

Entschuldige, Abram, daß wir so vorschnell Schlüsse gezogen haben. Es ist uns äußerst peinlich. Wir sind da leider ganz gegen unseren Willen in die heute manchmal anzutreffende Art des Recherchierens gerutscht, die sich weniger für die Wahrheit, dafür aber mehr für Halbwahrheiten interessiert. Kannst du uns noch einmal verzeihen? Es soll auch so bald nicht wieder vorkommen.

Armer Abram, jetzt hast du den Salat, und das Schlimme ist, daß du noch nicht einmal welchen hast und dich jetzt umsehen mußt, wo du welchen herkriegst. Und da ist nicht nur Brot, sondern auch guter Rat teuer. Können wir etwas für dich tun, Abram? Vielleicht einen entsprechenden Betrag auf dein Konto überweisen? Du mußt wissen, dies ist unsere Art der Hilfe, wenn irgendwo auf der Welt eine Lebensmittelknappheit – das Wort »Hungersnot« ist bei uns verpönt – ausgebrochen ist. In unseren Regionen kennt man so etwas nicht, d.h. es gab 'mal eine Zeit, vor etwa 30 Jahren, aber das ist, wie du siehst, lange her. Bei uns heute gibt es nur noch die soignierte Ausgabe des Hungers, den Heißhunger, vielleicht kennst du ihn. Wir verraten dir sicher kein Geheimnis, wenn wir dir sagen, daß er für viele genauso störend ist wie, nun ja, wie Hunger. Kennst du das Gefühl, wenn man gerade Appetit, was sagen wir, Heißhunger auf Spargel hat und es ist Winter und in der ganzen Stadt kein Spargel aufzutreiben? Also Abram, du wirst es uns nicht glauben, aber das kann einem schon die gute Laune, um nicht zu sagen, den Appetit verderben. Wo waren wir stehengeblieben? Ach ja, beim Hunger.

Wenn wir Moses richtig verstehen, dann seid ihr also nach Ägypten gezogen, um euch dort etwas zu essen zu besorgen? Nun ja, ein schöner Anlaß ist das zwar nicht, aber auf diese Weise lernt ihr einmal das Land kennen, wo sich nicht nur alles, was damals Rang und Namen hat, trifft, sondern auch Leute von Rang und Namen regieren.

Ägypten! Wie das klingt! Der weitgereiste Herodot, der uns schon einmal in der Metropole Babylon begegnet ist, und der wirklich etwas von den Dingen versteht, kommt ins Schwärmen, wenn er an Ägypten denkt. »Ägypten, ein Geschenk des Nils«! Da hat er recht, der Nil ist Grund und Garant des Wohlstandes, wenn er nicht gerade ausgetrocknet ist. Doch das kam zu dieser Zeit wohl nicht so häufig vor, wie aus dem folgenden Bericht zur Lage der Nation durch Amenemhet I[2] hervorgeht, der natürlich, wie alle Rechenschaftsberichte, nur das Positive erwähnt:

»Ich pflanzte Getreide und liebte den Erntegott;
Mich grüßte der Nil in jedem Tal;
Niemand litt Hunger in meinen Jahren,
Und keinen dürstete;
Die Menschen wohnten in Frieden durch das,
Was ich tat, und sprachen von mir.«

Abram, deine Wahl gefällt uns! Du weißt anscheinend, wo sich's damals wie Gott in Frankreich leben ließ. Auch kulturell ist hier einiges los. Schau dir nur die Pyramiden an, hast du schon einmal so etwas Imposantes gesehen? Was hältst du von der Hieroglyphen-Schrift, dem Markenzeichen der ägyptischen Kultur? Weißt du, daß die Hieroglyphen-Kundigen, die Schreiber, gesuchte Fachleute sind und mit entsprechenden Führungsaufgaben betraut werden und es sogar bis zum König bringen können? Ja, da staunst du. Übrigens, möglicherweise brauchst du hier einen anderen Kalender, das Jahr hat hier 365 Tage, in Mathematik und Astronomie haben die hier etwas weg.

Was die Religion angeht, Abram, müssen wir dich allerdings enttäuschen: Deinen Gott verehrt man hier nicht. Stattdessen scheint man hier sehr viel Wert auf einen Totenkult zu legen: Die Toten werden fein säuberlich einbalsamiert in eine Grabkammer gelegt und mit dem zum »Leben Nötigen« ausgestattet, da man davon ausgeht, daß das Leben mit dem Tod durchaus nicht beendet ist. Natürlich gehören zu dem Ganzen auch die entsprechenden Götter, genauer gesagt, ein Götter-Konsortium, der Weltschöpfer Atum, auch als Sonnengott Atum-Re bekannt, Osiris, der König der Unterwelt und wie sie alle heißen.

2 Amenemhet I (1991 bis 1971 v. Chr.).

Kannst du uns erklären, Abram, warum sich mit dem Wohlstand immer auch die Götter vermehren? Auch in Babylon ist uns das schon begegnet.

Wenn es den Menschen zu gut geht, dann vergessen sie meistens Gott und setzen statt seiner andere Götter auf den Thron? Und sie müssen erst wieder einen auf den Deckel bekommen, damit sie wieder zur Raison kommen? Aus diesem Grunde sind alle großen Kulturen, auch die Babylons und Ägyptens, untergegangen?

Das klingt einleuchtend.

Aber, das würde ja bedeuten, daß wir heute – und wir haben noch ein paar Götter mehr, wobei die » -ismen« –Götter die bekanntesten sind – ebenfalls . . . das kann doch nicht dein Ernst sein, Abram, ebenfalls vom . . . Untergang bedroht sind. Das ist ja eine schreckliche Aussicht, Abram. Da kommen wir lieber zu dir und nehmen einen knurrenden Magen in Kauf, zumal wir der festen Überzeugung sind, daß Gott der Herr ihn bald füllen wird.

Noch eine Frage, Abram, dann bist du auch für dieses Kapitel erlöst: Läßt man euch denn so ohne weiteres nach Ägypten hinein? Bei uns heute ist das nämlich nicht so einfach, als Tourist, als zahlender, ist man überall gern gesehen, aber als Einwanderer oder gar Gastarbeiter sieht das schon anders aus.

Du brauchst nur deine Personalien bzw. die vermutliche Dauer deines Aufenthaltes anzugeben und dann läßt euch der Grenzoffizier herein, nachdem er die von einem Schreiber fein säuberlich mit roter Tinte auf Papyrus festgehaltenen Angaben überprüft hat? Donnerwetter, da seid ihr ein Stück weiter als wir, aber das hat sich ja auch vor 4000 Jahren abgespielt. Na denn, Abram, viel Spaß in Ägypten!

Na, na, Abram!

> »Und da er sich Ägypten nahte, sprach er zu seinem Weibe Sarai: ›Ich weiß recht wohl, daß du ein schönes Weib bist. Wenn dich nun die Ägypter sehen, so werden sie denken: ›Das ist sein Weib‹, und sie werden mich erschlagen und dich am Leben lassen‹.«

Nanu, Abram, was sind denn das für Töne? Seit wann denkst du an Sarai, sprich, an dich? Bis jetzt dachtest du immer an jemand anders und dies gereichte dir zur Ehre.

Wo bleibt denn dein vielgerühmtes Vertrauen, bei uns chronisch Apfel-Geschädigten ist das ja zu verstehen, aber bei dir? Es wird sich sicher um eine nüchterne Feststellung handeln, etwas anderes können wir uns bei dir schlecht vorstellen. Bei dem Gedanken sind wir beruhigt, denn du mußt wissen, wenn du uns enttäuscht hättest, der du der einzige Mensch bis jetzt gewesen bist, dem wir vertrauen konnten, also, das wäre schon arg gewesen.

Sag, was willst du jetzt tun? Umkehren kannst du schlecht, wie wir wissen, denn der Magen fordert auch sein Recht und bleiben ist, wie man sieht, auch nicht ganz unproblematisch.

Aus Sarais Gesicht zu schließen, scheinst du ja nicht gerade etwas Erfreuliches vorzuhaben. Darf man erfahren, was du ihr gerade sagst? Vielen Dank!

> »So sage doch, du seiest meine Schwester, auf daß es mir um deinetwillen wohl gehe und ich durch dich am Leben bleibe«.

Ideen hast du, das muß man dir lassen! Aber wozu das Ganze, was bezweckst du denn damit?

Laß uns in Ruhe überlegen . . . das kann ja nur bedeuten, was kann es denn bedeuten . . . das heißt doch, daß Sarai um den Preis deines Wohlergehens das tun soll, was nach der göttlichen Ordnung in exclusiver Weise denen vorbehalten ist, die beschlossen haben, für immer »ein Fleisch zu sein«, d.h. also, daß Sarai . . . nein, Abram, das können wir dir nicht glauben, obwohl wir dir sonst alles glauben. Weißt du denn nicht, daß Gott der Herr die Lüge bestraft? Hat dir denn noch niemand gesagt, daß der ganze Schlamassel, mit dem du und wir es heute zu tun haben, mit einer Lüge, einer Vorspiegelung von falschen Tatsachen begann und daß seitdem die Lügen kurze Beine haben, was du an der Schlange, der Stammutter der Lüge, sehen kannst, einmal ganz und gar abgesehen davon, daß du deine Frau zum Ehebruch aufforderst? Pfui, Abram, auf was hast du dich da eingelassen und erst deine Frau . . .!

Das einzige, was wir nach längerer Überlegung – woran du siehst, wie sehr uns dein Fall beschäftigt – gelten lassen, vielleicht, müssen wir gleich einschränkend hinzufügen, ist, daß es sich um die etwas harmlosere Schwester der Lüge, die Notlüge, handelt und daß Sarai zwar nicht deine Schwester, aber wenigstens deine Halbschwester ist. Aber das ist auch das Äußerste, was wir gelten lassen können. Bist du denn wenigstens damit weitergekommen? Erzählen Sie es uns, Herr Moses, Abram hat jetzt andere Sorgen.

> »Als nun Abram nach Ägypten kam, sahen die Ägypter, daß das Weib sehr schön war. Und die Großen des Pharao sahen sie und rühmten sie vor dem Pharao«.

Paß bloß auf, Junge! Da . . . was haben wir gesagt:

> »Da wurde das Weib in den Palast des Pharao geholt«.

Nun, sei nicht so nervös, Junge, davon wird es auch nicht besser!

Du bist gar nicht nervös? Im Gegenteil, du bist sogar happy? Der Pharao schenkt dir nämlich »Schafe, Rinder und Esel, Sklaven und Sklavinnen« und »tut dir Gutes um Sarais willen«? Also, das schlägt doch dem Faß den

Boden aus, anstatt du dich in Grund und Boden schämst, bekommst du praktisch noch Grund und Boden?

Wir sind heute gewiß nicht zimperlich. Auch bei uns soll es Fälle geben, wo Männer ihre Frauen, nun ja, bitten, anderen Männern, meistens ihren Vorgesetzten, schöne Augen zu machen, es soll sogar auch Fälle geben, wo das Spiel nicht bei den Augen endet, aber das kommt, wie gesagt, so gut wie gar nicht vor.

Von dir jedoch haben wir so etwas nicht erwartet. Hast du noch etwas zu deiner Verteidigung vorzubringen? Sonst ist für uns der Fall erledigt, aber du auch!

Du behauptest, daß das, was du getan hast, völlig in Ordnung und legal sei nach dem Recht deiner Heimat? Wir sollten einmal im Kodex Hammurabi, besser noch in den Nuzitafeln, nachschlagen? Wenn du das sagst, dann stimmt das natürlich, auch wenn es uns unbegreiflich ist und wir nur den Kopf schütteln können. Trotzdem, ein Glanzstück war das gerade nicht und die feine Art des englischen Gentleman schon gar nicht!

Wenn das so ist, haben wir natürlich keine Lust mehr, die Sache noch weiter zu verfolgen, wir können uns ohnedies vorstellen, wie es weitergegangen ist, daß Gott der Herr dazwischengefunkt hat, weil er sich eine Übertretung seiner Gesetze nicht bieten läßt. Er wird also den Pharao »geschlagen« und dafür gesorgt haben, daß Sarai und du ziehen konnten. Nähere Einzelheiten sind wie immer den »Prozeßakten« von Moses zu entnehmen.

Ein Tip noch, Abram, bevor du weiterziehst: Beim nächsten Mal . . . mach's besser!

Wie man einen Zankapfel verdaut

> »Also zog Abram mit seinem Weibe und mit all seiner Habe, mit ihm auch Lot, aus Ägypten in das Südland hinauf. Abram aber war sehr reich an Vieh, an Silber und an Gold«.

Kompliment, dein Aufenthalt in Ägypten hat sich ja wirklich gelohnt! Woran man wieder einmal sieht, daß höchst unangenehmen Dingen auch höchst angenehme entspringen können. Wo willst du denn jetzt hin mit all deinem Reichtum?

Aha, nach Bethel! Nun ja, das kennst du ja schon von deinem ersten Trip. Wohin denn da genau? Bethel ist bekanntlich groß bzw. klein, wie man's nimmt.

»Zwischen Bethel und Ai«, dort, »wo im Anfang das Zelt gestanden hatte, an die Stätte des Altars«, den du »vor dem daselbst gemacht hattest«.

Wir können dich gut verstehen, Abram, auch wir würden an deiner Stelle so handeln: Es geht eben doch nichts über ein eigenes Fleckchen Erde.

Mit Befremden bemerken wir allerdings, daß deine erste »Amtshandlung«, denn du hattest doch bestimmt Wichtigeres zu tun, »danken« war. Wahrscheinlich befremdet uns das deshalb so, weil »danken«, wir sprachen ja schon einmal davon, uns so fremd geworden ist. Aber, da du uns mit so gutem Beispiel vorangehst und du der einzige bist, der sich bis jetzt halbwegs vernünftig gezeigt hat, wollen auch wir nicht so sein und einen entsprechenden Anlauf wagen . . . es ist leichter gesagt als getan . . .: Zum Beispiel dem verehrten Leser danken . . . Donnerwetter, wir hätten nie gedacht, daß es so schwer ist . . . daß er uns bis hierhin gefolgt ist und unser Geschwätz ertragen hat . . . Uff, jetzt ist es heraus! Das ist auch gut so, auf die Dauer strengt einen das doch gewaltig an! Wo käme man da hin, wenn man immer danken wollte!

Da ziehen wir es doch vor, uns in euren bunten Haufen da unten zu mischen. A propos bunter Haufe, war das denn so einfach, diese Sippschaft unter einen Hut zu bringen? Natürlich warst du das Oberhaupt, schließlich warst du der Patriarch und als solcher hatte sich alles nach deiner Mütze zu richten, ob Sklave oder Frau, ob Neffe oder Bruder. Aber du kannst es ruhig zugeben – uns geht es heute nämlich nicht anders – sind da nicht manchmal die Fetzen geflogen?

Zum Beispiel die Sache mit deinem Neffen Lot bzw. dessen Hirten, die mit deinen Hirten Krach bekamen, weil sie glaubten, nicht genügend Weideland für's Vieh zu haben. Wie hast du dich da verhalten? Das würde uns interessieren. Wir haben für solche Fälle unsere probaten Rezepte. Wenn du magst, erzählen wir sie dir nachher, doch erzähl' du uns zuerst 'mal. Ein Tip noch, laß dir nur ja nichts gefallen, schließlich bist du der Herr im Hause, und solange Lot seine Füße unter deinen Tisch, pardon, in dein Zelt setzt, hat er zu tun, was du anordnest. Laß dir nur ja nicht die Butter vom Brot nehmen, Abram, solche Leute, wenn sie auch die eigenen Verwandten sind, muß man fest am Zügel nehmen. Und erinnere ihn vor allem daran, daß er es deinen Beziehungen und nicht zuletzt denen seiner Tante Sarai zu verdanken hat, daß es ihm jetzt so gut geht. Dankbarkeit ist schließlich das Mindeste, was man erwarten kann! Also, Abram, toi, toi, toi!

»Da sprach Abram zu Lot:«

So ist's richtig, gib's ihm!!

> »Laß doch nicht Zank sein zwischen mir und dir, zwischen meinen Hirten und deinen Hirten; wir sind ja Brüder«.

Aber Abram, wir haben wohl nicht richtig gehört! Wir haben dich immer für einen vernünftigen Mann gehalten, aber daß du, der du der stärkere bist . . . nein Abram, das hätten wir nicht gedacht! Und was willst du denn jetzt machen? Jetzt kannst du ihn ja nicht mehr »rasieren«, zumal du ihn mit »Bruder« anredest, was noch viel mehr ist als Freund.

> »Steht dir nicht das ganze Land offen? So trenne dich doch von mir. Willst du zur Linken, so gehe ich zur Rechten; oder willst du zur Rechten, so gehe ich zur Linken«.

Du willst dich arrangieren? Der Mund bleibt uns offen, Abram, gerade von dir, der du bis jetzt bestimmt nicht zimperlich warst, wenn man an die Sache mit Sarai in Ägypten denkt, hätten wir so etwas nicht erwartet.

Wir haben dir vorhin gesagt, daß wir heute für solche Fälle probate Rezepte hätten. Nun, hier sind sie: Viele sind der Meinung, daß Aggression (zu deiner Information: Das ist nichts anderes als Streit) Gegenaggression erzeugt. Das haben unsere klugen Psychologen, von denen wir heute eine Menge haben, herausgefunden. Dem trägt man Rechnung, was natürlich dazu führt, daß wir es mit recht vielen Konflikten im großen wie im kleinen, in der Familie wie in der Welt, zu tun haben und daß natürlich Kriege an der Tagesordnung sind. Aber das nimmt man eben in Kauf, hat man doch schließlich seine feste Überzeugung!

Nun ja, deine ist es nicht! Aber was meint denn dein oberster Boss, du weißt schon, wen wir meinen, dazu?

> »Hebe deine Augen auf und schaue von der Stätte, da du stehst, gegen Mitternacht und gegen Mittag, gegen Morgen und gegen Abend. Denn das ganze Land, das du siehst – dir will ich es geben und deinen Nachkommen für ewige Zeiten. Und deine Nachkommen will ich mehren wie den Staub der Erde, so daß, wenn man den Staub der Erde zählen kann, man auch deine Nachkommen wird zählen können. Auf, durchziehe das Land in dieLänge und in die Breite; denn dir will ich es geben«.

Das sieht ja ganz danach aus, als ob er dein Verhalten billigt. Weshalb sonst hätte er dir diese herrliche Verheißung gegeben? Das heißt also, wenn wir es recht verstehen, daß Gott der Herr möchte, daß wir Aggressionen durch . . . Freundlichkeit entwaffnen? Donnerwetter! Das ist uns neu: Allerdings so neu auch wieder nicht, denn wenn wir uns richtig erinnern, hat Gott der Herr uns einmal im Neuen Testament gesagt: Wenn einer dir die rechte Wange oder so ähnlich hinhält, dann halte ihm auch die linke hin; das ist die einzige Möglichkeit – so hat Gott der Herr sich nicht ausgedrückt, aber das folgern wir, wenn's erlaubt ist– ihn zur »Raison« zu bringen.

Wenn man es so betrachtet, klingt es allerdings ganz vernünftig und da dies so ist, werden wir es weiterverkünden. Vielleicht findet diese Auffassung hier und da Anhänger. Wir sind allerdings skeptisch: Man ißt zu viele Äpfel!

Grundvertrag No. 2

> »Darnach erging an Abram in einem Gesichte das Wort des Herrn: ›Fürchte dich nicht, Abram, ich bin dein Schild; dein wartet reicher Lohn‹«.

Gott ist gut, findest du nicht, Abram? Wir haben den Eindruck, daß er dir immer eine Menge Verheißungen gibt und bevor er sie einlöst, dir eine Menge trouble schickt, denk an deinen unfreiwilligen Ausflug nach Ägypten. Natürlich brauchst du uns nicht zu sagen, daß er dich nur prüfen will, das wissen wir selbst. Eine andere Frage ist, warum er dich überhaupt prüft, schließlich geht es auch ohne. Ehrlich gesagt, wir sind diese ständigen Verheißungen leid. Gut, unter dem Strich kommt immer etwas für dich dabei heraus, aber manchmal ist es doch recht mühsam. Du scheinst übrigens ausnahmsweise auch einmal unserer Meinung zu sein, was man aus deiner Antwort sehen kann, die, nun ja, wie soll man es formulieren, gewisse Ermüdungserscheinungen zeigt:

> »O Herr, mein Gott, was wolltest du mir geben? Muß ich doch von hinnen gehen ohne Kinder, und Erbe meines Hauses wird Elieser von Damaskus . . . Mir hast du ja keine Kinder gegeben; so wird mein Haussklave mich beerben«.

Du hast unser volles Verständnis, Abram, ab und zu muß man auch mal mit der Faust auf den Tisch schlagen! Wo käme man da hin, wenn man immer klein beigibt?

Wir sind gespannt, wie sich Gott der Herr verhalten wird, ob er dich wohl kurz abfahren läßt? Wir wollen dir ja nicht zu nahe treten, Abram, aber meinst du, daß dein Ton der richtige war? Stell dir vor, du würdest ihn erzürnen, dann aber Gnade dir, Gnade uns Gott! Weißt du noch, wie das bei Adam und Eva war oder noch schlimmer, bei der Sintflut? Pass nur ja auf! Aber du kennst ja Gott den Herrn am besten.

Du hast keine Angst? Gott der Herr versteht dich schon richtig, weil er . . . Gott der Herr ist? Das ist uns zu hoch. Wir ziehen es vor, uns zurückzuziehen. Wir haben ohnehin den Eindruck, daß wir wieder einmal fehl am Platze sind.

> »Aber siehe, es erging an ihn das Wort des Herrn: ›Nicht er soll dein Erbe sein, sondern dein eigener leiblicher Sohn, der soll dein Erbe sein.‹ Und er führte ihn hinaus und sprach: ›Schau gen Himmel und zähle die Sterne – ob du sie zählen kannst?‹ Und er verhieß ihm: ›So sollen deine Nachkommen sein‹«.

Abram, o Abram, hast du ein Glück! Wenn du mit Gott dem Herrn sprichst, antwortet er dir und kommt dir sogar entgegen und wenn wir uns unter Aufbietung aller unserer Kräfte bemühen, einen Draht herzustellen, dann bekommen wir nur in den seltensten Fällen eine Verbindung, geschweige denn eine Verheißung und daß er gar einen Bund wie mit dir schließt, Abram, das kommt überhaupt nicht mehr vor.

Wir haben zwar Verträge noch und nöcher, aber einen Vertrag mit Gott haben wir nicht, der letzte ist schon 2000 Jahre her. Es gab da 'mal einen gewissen Jesus von Nazareth, aber wie gesagt, das ist schon lange her. Wir sind froh, wenn wir eine Art friedlicher Koexistenz haben, wenngleich auch das nicht einfach ist und wir uns da geradeso mit Kirchensteuern durchlavieren. Wie Gott der Herr das Ganze auffaßt, wissen wir allerdings nicht. Ehrlich gesagt, wir wollen es auch gar nicht wissen. Wer weiß? . . . Nein, da ist es schon besser, nichts zu wissen. Wir gratulieren dir aber (nicht ohne ein Quentchen Neid, das ist nun 'mal so, entschuldige), daß du es anscheinend besser mit ihm kannst und er dir eigentlich alles sagt, was du wissen möchtest: Wie es mit dir weitergeht, ob du reich werden wirst, wie das mit dem versprochenen Land aussieht etc.

Warum ist das eigentlich bei uns nicht so? Gewiß, du bist Abram, ein bißchen weiser und älter und der Verdientere bist du auch, aber auch wir glauben ja schließlich, wenn auch wohl nicht so wie du . . . Wie nennt ihr das so schön in eurer Sprache? Glauben= »sich fest machen in Gott«!

Soll das etwa heißen, daß wir es einmal mit echtem »Glauben« versuchen sollten? Das wäre etwas ganz Neues! Aber warum eigentlich nicht einmal etwas Unkonventionelles versuchen? Leicht ist es allerdings nicht. Fällt es Ihnen auch so schwer? Aber, wenn wir reüssieren wollen, müssen wir durch diese Durststrecke hindurch. Abram, steh uns bei! Denn du weißt selbst, was den Glauben angeht, sind wir noch Säuglinge.

Konkubine gesucht

Bevor die Chronisten wieder ins pralle, biblische Geschehen eintauchen, empfinden sie es als ihre Pflicht, moralisch Zartbesaitete darauf aufmerksam zu machen, daß die kommenden Seiten eventuell Anlaß zur Entrüstung geben könnten. Aus diesem Grunde empfehlen sie allen Dünnhäutern, die folgenden Zeilen zu überschlagen. Wenn es recht ist, treffen wir uns nachher bei selbstgebackenem Kuchen vor dem Zelt der Abrams wieder.

Die zweifelsohne Wenigen, die jetzt noch mit von der Partie sein dürften, bitten wir, uns auf das Gebiet der Geometrie zu folgen, geht es doch um . . . ein Dreiecksverhältnis, ein ziemlich verwinkeltes, um ehrlich zu sein.

Haben Sie schon einmal den Fall erlebt, daß eine Ehefrau ihren Mann geradezu bekniet, mit einer anderen ein Verhältnis anzufangen? Und sich dabei auch noch auf geltendes Recht [3] berufen kann? Lassen Sie sich von Sarai darüber informieren, die auf diesem Gebiet Expertin ist:

3 Für juristisch Interessierte: Schlagen Sie in den Nuzitafeln nach, die dem Gesetzbuch des Hammurabi verwandt sind. Dort finden Sie auch den uns schon begegneten Paragraphen der Gleichordnung von Schwester und Gattin.

»Da nahm Sarai, Abrams Weib, die Ägypterin Hagar, ihre Magd, nachdem Abram 10 Jahre im Lande Kanaan gewohnt hatte, und gab sie ihrem Manne Abram zum Weibe«.

Daß sich der gute Abram dies natürlich nicht zweimal sagen läßt, zumal er auf diese Weise geradezu die gesetzliche Handhabe hat – denn Sarai ist nun einmal nicht in der Lage, ihm Kinder zu schenken –, darüber brauchen wir uns, meine Herren, wohl nicht weiter zu unterhalten.

»Und er ging zu Hagar . . .«

Es scheint recht bald geklappt zu haben, denn noch im gleichen Satz wird Hagar schwanger. Doch schon im nächsten beginnt der trouble. Denn Hagar steigt die ganze Sache . . . in den Kopf. Dies läßt sich Sarai natürlich nicht gefallen und macht Abram eine Szene, die sich in orientalischer Manier gewaschen hat.

Da der Genuß schon einige Sätze zurückliegt, ist Abram die besagte Sache nur noch lästig. In echt männlicher Art schiebt er die Angelegenheit weit von sich . . . auf Sarai:

»Nun, deine Magd ist ja in deiner Gewalt; mache mit ihr, was dir gefällt«.

Auf diese Weise wieder an die Macht gekommen, rächt Sarai sich mit Schikanen an der unschuldigen – na ja, vielleicht doch nicht mehr so ganz – Hagar, die sie schließlich aus dem Haus – pardon, dem Zelt – vergrault.

Da steht sie nun, die arme Hagar, mit nichts – als ihrer Schwangerschaft – in der Hand, von Sarai vertrieben, von Abram gemieden. Alle halten sich vornehm zurück. Allen voran der, der sich – zumindest einmal – nicht hat zurückhalten können.

Wir sind allerdings nicht so zurückhaltend, wenigstens wir wollen die Moral hochhalten und vor allem einmal Abram ganz dezidiert sein nicht unbedingt nachahmenswertes Verhalten entgegenhalten.

Der einzige, der Hagar in dieser auf den ersten Blick eigentlich ausweglosen Situation die Stange hält, ist . . . ein Engel. Bibelfest, wie wir manchmal sind, rechnen wir uns an unseren fünf Fingern aus, daß jede Sache gelaufen ist, sobald Gott der Herr seine Engelbrigade einsetzt. Ein Happy-End ist somit nur noch eine Frage der Zeit: Hagar kehrt in den Schoß der Sippe – wo ihr bisher nichts in den Schoß gefallen ist, außer . . . – zurück und bringt dort den Ismael zur Welt, der laut Verheißung des Engels zum Vater eines »Geschlechts« werden soll, »daß man vor Menge nicht zählen kann«.

Die Autoren sind äußerst erleichtert, daß sie wieder einmal »Ende gut, alles gut« vermelden können.

Da aber schmunzelte Sarai

Grüß Gott, wir freuen uns, Sie wiederzusehen! Hoffentlich haben Sie die vorhergehenden Seiten einigermaßen gut überstanden. Wir wären untröstlich, wenn Sie sich vielleicht eine Verschnupfung geholt hätten. Falls dies aber, wider Erwarten, doch der Fall gewesen sein sollte, wofür wir nichts können, aber uns trotzdem entschuldigen, dann möchten wir Sie mit dem Gedanken versöhnen, daß Sie gleich Gelegenheit zum Auskurieren haben werden, denn Sie müssen wissen, das Klima bei Abrams ist so heiß, daß es selbst die stärksten Bazillen umhaut. Abram hat es denn auch vorgezogen, das Zelt zu verlassen und sich draußen irgendwo hinzusetzen.

Da wir noch so schön unter uns sind, eine kleine Information: Abrams haben den Namen geändert. Ja, Sie haben ganz richtig gehört. Abram heißt jetzt nicht mehr Abram sondern Abraham, was so viel wie »Vater vieler Völker« heißt. Dem aufmerksamen Leser, insbesondere sicherlich Ihnen, verehrte Leserin, wird sicherlich aufgefallen sein, daß die Autoren schon seit längerer Zeit Abrahams Gattin, Sara, mit »Sarai« ´»Fürstin« (zu der sie nunmehr auch offiziell avanciert ist) angeredet haben: Dies sollte eine kleine Verbeugung vor der weiblichen Psyche und eine kleine Entschädigung dafür sein, daß die weiblichen Wesen seit Eva immer zu kurz gekommen sind.

Wie Sie also sehen, sind aus Abrams feine Leute geworden. Das haben sie Gott dem Herrn zu verdanken, der diese Namensänderung wünschte. Das Adelsprädikat, das sie durch ihn empfingen, war allerdings weniger ein Geld-, als vielmehr ein Herzensadel, der wahre Adel, aber das steht natürlich auf einem anderen Blatt, von dem hier nicht die Rede ist.

Puh, ist das eine Hitze, ein Glück nur, daß eine schattenspendende Terebinthe in der Nähe ist, sonst wäre es schier unerträglich. Es war schon ein kluger Entschluß Abrahams gewesen, sich hier im Schatten der Terebinthe von Mamre niederzulassen. Übrigens auch noch in anderer Hinsicht: Denn, unter Terebinthen hatte Abraham immer den besten Funkkontakt nach oben. Erinnern Sie sich, wie es ihn am Anfang seiner Wanderschaft zu der Orakel-Terebinthe von Sichem hinzog? Tja, Abraham wußte, was er tat.

Und auch diesmal hat der Bursche Glück (als ob wir es geahnt hätten): Da bekommt er doch Besuch von drei »ehrfurchtsgebietenden Herren«, was man daran sieht, daß Abraham sich bis zur Erde vor ihnen verneigt. Wer mögen diese Herren sein? Nun ja, da sich das ganze unter einer Terebinthe abspielt, können es nur Leute »höheren Ortes« sein.

Wie sich verhalten? Zuerst einmal, ihnen eine Schale Wasser anbieten, damit sie sich vom Wüstenstaub die Füße reinigen können. Und dann? Ihnen ein fürstliches Mahl bereiten.

Sarai, wo bist du? Sei so freundlich und back schnell einen Kuchen. (Falls Sie sich, verehrte Hausfrau, für das Rezept[4] interessieren sollten, bitten wir Sie, am Ende des Kapitels auf uns zuzukommen, denn Sarai hat, was Sie sicherlich verstehen werden, im Moment anderes zu tun.)

Und was noch? Männer mögen etwas Handfestes. Am besten also ein schönes, anständiges Stück Fleisch, mit anderen Worten, ein schönes Kalb. Und dazu frische Sauermilch und selbstverständlich frische Milch. Abraham weiß schließlich, was sich gehört. [5]

Gastfreundschaft, das war damals noch etwas! Wenn man's recht überlegt, eigentlich nicht nur damals, denn auch heute kann es einem passieren, daß man im Lande Abrahams plötzlich ohne großes Brimborium eingeladen wird. Man steht zum Beispiel an einer Bushaltestelle und unterhält sich mit einem anderen Fahrgast über das Wetter oder über was man sich zum Beispiel so unterhält und dann kann es einem passieren, daß der andere Fahrgast einen zum Essen einlädt. Tja, das ist wenigstens noch Gastfreundschaft! Bei uns, in unseren Regionen, ist man froh, wenn man auf den Bus wartet, nicht von anderen Fahrgästen weggeschubst zu werden.

Doch lassen wir diese wenig freundlichen, geschweige gastfreundlichen Bemerkungen, denn schließlich haben wir ja keinen Grund uns zu beklagen, bildet doch Abraham eine rühmliche Ausnahme. Und außerdem, wenn wir noch länger reden, verbrutschelt Abraham das Essen. Das können wir nicht verantworten, denn möglicherweise würden uns Abrahams Gäste das übelnehmen, was uns äußerst unangenehm wäre. Also denn, guten Appetit!

Aus den Mienen der Herren zu schließen, scheint allerdings noch etwas zu fehlen, vielleicht fehlt noch eine entsprechende Prise Salz? Nein, kein Salz, sondern Sarai? Wieso? Ach so, Sarai hält sich im Hintergrund, wie das im Orient so üblich ist. Der ausdrückliche Wunsch der geladenen Gäste: Sarai sollte ebenfalls mit von der Partie sein. Doch keine Sorge. Sarai ist auch so mit von der Partie, spätestens, als sie erfährt, nun ja, es ist etwas ungewöhnlich, wir geben es zu, daß sie im nächsten Jahr um diese Zeit einen Sohn haben wird:

»Sollte ich wirklich noch Mutter werden können, da ich doch alt bin?«

Und Abraham ist schließlich auch kein junger Spunt mehr! Da aber schmunzelte Sarai. Das hätte Sarai allerdings nicht tun sollen, denn die Herren da draußen, genauer gesagt, der Herr, denn niemand anders sind die drei Herren, haben es nicht gerne, wenn man an ihrem Wort zweifelt.

4 Dieses Rezept besteht aus 2 »Ingredienzien«: 3 Scheffel Mehl, mit etwas Wasser kneten. Resultat: »Köstlicher Kuchen«.

5 Die jüdische Speisevorschrift (niemals Fleisch und Milch zur gleichen Mahlzeit) existierte zu dieser Zeit noch nicht. Sie kam erst ein paar Jahrhunderte später.

Denn:

> »Ist denn irgend etwas unmöglich für den Herrn? Übers Jahr um diese Zeit werde ich wieder zu dir kommen; dann hat Sarai einen Sohn«.

Worauf Sarai es denn auch mit der Angst zu tun bekommt und es vorzieht, die ganze Sache zu bagatellisieren, nach dem Motto, es habe ihr völlig fern gelegen zu lachen . . . na, Sie kennen ja so etwas.

Der Herr ist allerdings verstimmt und verläßt vorzeitig die Runde, woran man wieder einmal sieht, daß man erst dann lachen sollte, wenn man Grund dazu hat.

. . . wie Sodom und Gomorrha

Dieses Kapitel, verehrte Leser, und wir wollen Sie bereits an dieser Stelle darauf hinweisen, ist weniger zum Lachen, dafür aber um so viel mehr zum Weinen. Halten Sie darum Ihre Taschentücher bereit! Die Autoren werden sich Mühe geben, die unvermeidlichen Wassermengen in Grenzen zu halten und wenn möglich, es bei einem kräftigen Schneuzer bewenden zu lassen.

Abraham hat allerdings hiervon noch keine Ahnung. In diesem Moment hat er alle Hände voll zu tun, Sarais Faux pas von vorhin wieder gutzumachen, was er in diesem Fall »per pedes« – ausnahmsweise einmal nicht »apostolorum« - macht. Er begleitet nämlich die Herren noch ein Stück auf ihrem Weg nach Sodom, das die Herren heute noch besuchen wollen.

Sodom . . . das klingt ja förmlich nach Gomorrha . . .; nach Sodom (ie) und Gomorrha!! Dagegen waren die alten Römer zarte Waisenknaben und das will schon was heißen, denn schließlich beschränkten sich ihre Spiele im wesentlichen auf . . . Männer und Knaben; aber, die Zunge sträubt sich fast, es in den Mund zu nehmen . . . sogar Tiere zu bemühen, nein wirklich; wie gut, daß es heute Tierschutzvereine gibt!

Wieder einmal ertappen sich die Autoren dabei, wie sich ihr moralischer Zeigefinger verhalten versucht zu melden. Trotz aller Bemühungen – wobei sie zugeben, daß sie vielleicht noch ein wenig intensiver hätten ausfallen können – vermögen sie es diesmal nicht zu verhindern, daß er vorwitzig – wie er nun einmal ist – mit ihnen durchgeht und sie gewissermaßen zwingt, folgende Sätze zur Abwechslung einmal zur Ehrenrettung unserer so geschätzten Epoche zu schreiben: Gewiß, selbst wir leben – nun ja, wir wollen nicht pingelig sein – ein paar tausend Meilen von paradiesischen Zuständen entfernt; was sich jedoch bei uns heute im Vergleich (und die Autoren betonen: im Vergleich) zu Rom oder gar zu Sodom und Gomorrha abspielt, ist doch häufig eine »quantité négligeable«. Selbstverständlich wollen die Autoren damit nicht gesagt haben – und deswegen sagen sie es jetzt – daß in unserer so geschätzten Epoche alles in Butter ist. Keineswegs! Aber im Vergleich zu damals . . . Oder sehen Sie das anders?

Die Chronisten überlassen den geschätzten Leser jetzt für ein paar Minuten – es dürfen auch zur Not ein paar mehr sein – seinen zweifelsohne tiefschürfenden Betrachtungen über den »Untergang des Abendlandes« oder auch nicht. Falls Sie noch immer nicht die Lust – an diesem Thema, versteht sich – verloren haben sollten, treffen wir uns auf dem Wege nach Sodom wieder.

Ganz schön clever, Abraham

Ob wohl Abraham wußte, was sich in Sodom abspielte? Wir wissen es nicht, denn Moses war nicht mit von der Partie. Was wir aber wissen – und das läßt Moses uns wissen, ist, daß Gott der Herr nicht wußte – obwohl er es natürlich doch wußte – ob er Abraham seine geheimen Pläne mit Sodom und Gomorrha wissen lassen sollte.

Da Gott kein Herr einsamer Entschlüsse, vielmehr Führung transparent praktiziert, wodurch er sich übrigens von manch' heutigem Herrn unterscheidet, weiht er ihn in seine Pläne ein; also läßt er es ihn wissen:

> »Das Geschrei über Sodom und Gomorrha, das ist groß und ihre Sünde, die ist gar schwer«.

Schweren Herzens hat er sich entschlossen, Sodom und Gomorrha von der Landkarte zu streichen – aus den bekannten Gründen. Dabei hat er allerdings nicht mit Abraham gerechnet, obwohl er dies natürlich – wie alles – einkalkuliert hat. Abraham kommt nämlich auf die famose Idee, sich mit Gott dem Herrn auf Konditionsverhandlungen einzulassen und betreibt dies durchaus nicht ungeschickt. Ganz schön clever, Abraham:

> »Willst du mit dem Gottlosen auch den Gerechten wegraffen? Vielleicht sind 50 Gerechte in der Stadt; willst du die auch wegraffen und nicht lieber dem Ort vergeben wegen der 50 Gerechten darin?«

Natürlich will Gott der Herr, wenn es Gerechte gibt! Zur Not auch, wenn es »5 weniger als 50 Gerechte« sind, sogar auch, wenn »nur 40 darin zu finden». Selbst bei 30 ist Gott der Herr noch zufrieden; und wenn es denn in Gottes Namen nur 20 sein sollten . . . so sei es denn! 10 sollten es aber nun wenigstens sein. 80 % Rabatt sind nun wirklich genug.

Abraham, das hast du prima gemacht! Uns gibt nämlich keiner so viel Rabatt, geschweige denn Gott der Herr, stehen wir doch bei Ihm mehr als hoch in der Kreide.

Ja, Abraham müßte man heißen!

Und bei diesem Gedanken kullern sie doch, die Tränen, die wir bis jetzt so mühsam aufgehalten. Abraham, gibt uns ein Taschentuch! Danke!

Das ist der Gipfel!

Mittlerweile ist es Abend geworden, und die hohen Herren haben Sodom erreicht. Stellen Sie sich vor, wen sie dort als erstes treffen: Einen guten alten Bekannten: Lot, der »gerade im Tore von Sodom« sitzt.

Als er des hohen Besuches ansichtig wird, steht er auf, geht ihnen entgegen und verneigt sich vor ihnen bis zur Erde (nun, Lot kannte schließlich seinen Knigge). Da dies so ist, lädt er die Herrschaften auch gleich zu sich nach Hause ein, am liebsten wäre ihm, sie würden auch bei ihm übernachten, denn immerhin hat man nicht alle Tage Engel zu Besuch.

Die Chronisten können dies sehr gut nachfühlen, sie haben sich ein wenig umgehört und dabei festgestellt, daß auch heute Engelbesuche eher zu den Ausnahmen gehören.

Die hohen Herrschaften winken allerdings höflich ab, sie wollen lieber draußen, »auf dem Platze« übernachten. Aber da haben sie nicht mit Lots Hartnäckigkeit gerechnet, der so lange insistiert, bis die Fremden sein Angebot annehmen. Lot ist darüber äußerst »happy« und tischt sofort alles auf, was Haus und Hof zu bieten haben.

Unter uns, probieren Sie einmal Lots ungesäuerte Kuchen, sie schmekken ganz ausgezeichnet, kein Wunder, daß die Autoren hellsichtig daraus schließen, daß die Stimmung ausgezeichnet gewesen sein muß.

Dies sollte sich jedoch bald ändern, denn mit einem Male hämmert's lautstark an der Tür. Eine erregte Menschenmenge, präziser, Männermenge, verlangt nach Lot, genauer, nach den Herren, die bei Lot übernachten. Übernachten bei Lot? Dies schmeckt den Männern gar nicht, sie wollen selbst mit jenen schönen Herren, nun ja . . . die Nacht verbringen.

Die Chronisten sind sehr froh darüber, daß sie selbst die Dinge nicht beim Namen zu nennen brauchen; jemand anderes tut es für sie, und zwar ganz unmißverständlich, die Bibel nämlich:

> »Wo sind die Männer, die heute abend zu dir gekommen sind? Bringe sie uns heraus, daß wir ihnen beiwohnen«.

Da haben Sie es gehört! Das ist doch wirklich der Gipfel! Unverschämt! Aber wir sind nun 'mal in Sodom. Und wer Sodom sagt, muß auch Gomorrha sagen. Zustände sind das! Man sucht nach Vergleichen, um nach einer langen Weile festzustellen, daß es eben mit nichts zu vergleichen ist, außer . . . mit Sodom und Gomorrha.

Hier geht's wirklich drunter und drüber, dann wieder drunter und schließlich wieder drüber, mit einem Wort, hier geht's rund und das, wie man sieht, rund um die Uhr. Also, wenn wir uns für eine Minute in die Lage Gott des Herrn versetzen, dann kann man sich nur wundern, daß er diesen Unflat nicht schon längst beseitigt hat, wir hätten uns das nicht so lange angesehen. Wir hätten das letzte Stündlein schon viel früher bimmeln lassen.

Ein Glück nur, daß Gottes Uhren anders gehen, was nicht heißt, daß sie nachgehen.

A propos Zeit. Jetzt wird es aber langsam Zeit, daß Lot ein Machtwort spricht, so geht's ja nicht! Seit wann gibt es denn so etwas, daß man in seinem eigenen Haus nicht mehr sicher ist?

Die Chronisten könnten natürlich, altklug, wie es manchmal ihre Art ist, darauf antworten, daß dies seit Sodom und Gomorrha wohl so ist. Allein, sie unterlassen diese süffisante Bemerkung, denn jeder knabbere an seinem eigenen Apfel – vor seiner eigenen Haustür.

Übrigens steht dort noch immer der arme Lot und versucht, die erregten Männer abzuwimmeln. Dies ist aber gar nicht so einfach. Lot muß schwere, um nicht zu sagen, allerschwerste Geschütze auffahren und schließlich sogar das, was ihm am schwersten gefallen sein dürfte – unsere Feder sträubt sich, es zu schreiben – Herr Moses, lassen Sie es Herrn Lot sagen:

> »Seht, ich habe zwei Töchter, die noch nichts vom Manne wissen. Die will ich euch herausgeben. Macht mit ihnen, was euch gefällt. Nur diesen Männern tut nichts; denn sie sind nun einmal unter den Schatten meines Hauses getreten«.

Sagenhaft! Da ist doch dieser Mann bereit, das Teuerste, was er besitzt, für seine Gäste »auszugeben«. Und wozu ist man heute bereit? Nun, wir wollen niemandem zu nahe treten, aber häufig zu nicht sehr viel mehr als zu einer Runde Salzstangen. Woran das liegt? Vielleicht daran, daß Gastfreundschaft früher . . . heilig war und heute eher . . . lästig?

Nun aber Schluß mit diesen Lästereien, sonst werden wir Ihnen nur noch lästig und das würde uns dann doch mächtig belasten.

Leider nützt Lot auch dieses hochherzige Angebot nichts, die Männer werden nur noch ärgerlicher, eine Emotion entzündet die andere, Bruder Vorurteil ist natürlich auch mit von der Partie: Vonwegen, was denn Lot sich einbilde, ein hergelaufener, ein Fremdling, der er sei und sich dann noch als Richter aufspielen, das hat man gerne . . . So gehen die Wellen der Erregung hoch und im Handumdrehen ist eine Keilerei im Gang, aus der Lot sicher als der Schwächere hervorgegangen wäre, wenn er nicht doch der Stärkere gewesen wäre; um die Wahrheit zu sagen, wenn ihm die Engel nicht zur Seite gestanden und zu einem probaten Mittel aus ihrem himmlischen Waffenarsenal gegriffen und die Leute »mit Blindheit geschlagen hätten«. Sollten sie nur sehen . . . Aber wie soll man das machen, wenn man nichts sehen kann?

Eines ist jedoch ganz klar: Das Maß ist voll! Da gibt es nur noch eines: »diese Stadt zu verderben«. Aber der gute Lot soll ausgespart werden, denn er hat sich ja nichts zuschulden kommen lassen, und nach himmlischer Ordnung geht es nicht an, daß jemand für etwas, was andere getan, bestraft wird. Die Lösung kann deshalb nur lauten: Lot und seine Familie sind in Sicherheit zu bringen.

Leichter gesagt als getan; denn, unter uns, würden Sie glauben, wenn man Ihnen sagt, daß morgen, dort wo Sie wohnen, ein furchtbares Erdbeben passieren wird? Lots Kinder, auch die Verlobten seiner Töchter, glauben das nicht und halten das Ganze für einen Scherz, keinen guten, selbstverständlich. Ehrlich gesagt, ist auch Lot von der ganzen Sache nicht begeistert und versucht, die Aktion möglichst hinauszuschieben. Ohne Erfolg, denn als das die Engel merken, nehmen sie ihn und seine Familie – die Verlobten hatten es vorgezogen zu bleiben – kurzerhand an der Hand und schieben die Familie mehr oder weniger (in diesem Falle liegt der Akzent auf »mehr«) zur Stadt hinaus.

Dort verabschieden sie sich, nicht ohne den Lots noch manch guten Rat mit auf den Weg gegeben zu haben, wie: Sich nur ja nicht umzuschauen, nirgends stehenzubleiben und auf alle Fälle ins Gebirge zu flüchten, was Lot nun aber gar nicht so gefällt, denn gegen das Gebirge hat er eine Aversion. Lieber, wenn's möglich ist, in die kleine Stadt da: »Ach, laß mich dahin fliehen«.

Okay, Okay, auch das wird ihm noch erfüllt, doch jetzt Beeilung, bitte schön, gleich geht's nämlich los.

Da, wenn man vom Teufel spricht, ist er auch schon da, den betreffenden Geruch eingeschlossen . . . Gehen Sie in Deckung, denn es regnet Feuer und Schwefel. Da, es geht los:

> »Der Herr aber ließ Schwefel und Feuer auf Sodom und Gomorrha regnen, von dem Herrn vom Himmel herab, und vernichtete so die Städte und den ganzen Umkreis und alle Bewohner der Städte und was auf dem Lande gewachsen wär«.

Ihgitt, wie das stinkt! Bloß weg hier! Hoffentlich bekommt man nichts von den giftigen Gasen ab, die überall durch die Explosionen frei werden: Fest die Nase zuhalten und immer geradeaus gucken. Und wie das Feuer prasselt, man spürt es förmlich im Rücken knistern!

Ob wohl das eigene kleine Anwesen noch steht, das man sich mit so viel Fleiß erworben hat? Ob sich Frau Lot schnell einmal umdrehen darf? Besser, Sie lassen es, Frau Lot, Sie wissen ja, was der Engel gesagt hat, außerdem denken Sie an Ihre Ur-Ur-Ur . . . Großmutter, der die Neugierde schlecht bekommen ist.

Anscheinend ist es uns nicht gelungen, Frau Lot zu überzeugen, denn:

»Lots Weib aber sah sich hinter ihm um und . . . ward zur Salzsäule«.

Das haben Sie nun davon! Wir haben Sie ja gewarnt und nicht nur wir, auch die himmlische Feuerwehr, die Engel. Sie hätten sich doch denken können, daß die Giftschwaden, die aus dem Hexenkessel aufsteigen, lebensgefährlich sind und daß man daran ersticken kann. Aber das haben Sie ja nun am eigenen Leibe erfahren, inclusive der Salzberieselung, die man sich auch heute noch dort unten, wenn auch nicht mehr ganz so schlimm, gefallen lassen muß. Schade, wir hätten Ihnen ein längeres Leben gewünscht.

Falls Sie, verehrter Leser, den Wunsch haben sollten, Frau Lot persönlich kennenzulernen oder gar ein Autogramm von ihr zu bekommen, so sind wir in der glücklichen Lage, Ihnen diesen Wunsch erfüllen zu können. Auch heute ist Frau Lot für Sie zu erreichen. Sie brauchen nur das nächste Flugzeug nach Tel-Aviv zu nehmen, von wo Sie sich an's »Tote Meer« chauffieren lassen, dort, etwas westlich vom Südufer, können Sie sie finden, inmitten einer Hügelkette, aus der sie ihren Kopf steckt – er ist nicht zu übersehen – und wie sie wehmütig in die Ferne schaut. Ein Autogramm gibt sie Ihnen selbstverständlich gerne, wir hoffen, Sie mögen . . . Salz.

In vino . . . posteritas

Wäre Frau Lot nicht so neugierig gewesen, wäre Herr Lot vermutlich noch nicht so schnell Witwer geworden und die folgende Geschichte hätte sich wahrscheinlich auch nicht abgespielt. Das ist bitter, bitter . . . wie das . . . Salz, das seit damals jene ehemals fruchtbare Gegend mit einer dicken Kruste, die manchmal auch etwas dünner ist, überdeckt, und das seit damals Pflanzen, Tieren und Menschen jedwede Lebens-Freude versalzt. Selbst das Wasser wird nicht mit dem Salze fertig, weil es zu viel des Guten davon hat, der Name »Salzmeer« oder »Totes Meer« macht ihm daher alle Ehre. Sogar Salzheringen ist es hier zu salzig, weshalb es hier auch keine davon gibt, geschweige denn irgendwelche anderen Fische. Oder geht es nimmer und salziger auch nicht.

Was die Chronisten zu der in diesem Falle der Umgebung angepaßten etwas bitteren Bemerkung veranlaßt, daß dort, wo Gott der Herr »hinhaut«, im wahrsten Sinne des Wortes kein Gras mehr wächst. Doch wir wollen hier nicht in Bitternis machen, das Ganze ist schon bitter genug. Lassen Sie uns, bevor wir gänzlich der Verbitterung anheimfallen, wenn es geht, etwas Erfreuliches suchen.

Die Chronisten sind in der glücklichen Lage, etwas, wie sie meinen, Entsprechendes gefunden zu haben. Sie erlauben sich, dem verehrten Leser mitzuteilen, daß der Nichtschwimmer unter Ihnen Grund zur Freude hat, denn selbst der »größte« Nichtschwimmer kann im besagten Wasser nicht untergehen, aber schwimmen – das Salz macht's möglich. Also, wenn Sie Lust haben, decken Sie sich mit Zeitungen, sonstiger Lektüre (wobei die Chronisten besonders die vorliegende empfehlen) ein und legen Sie sich in's Wasser. Untergang garantiert unmöglich!

Leider fällt, wie so oft, auch hier ein Wermutstropfen ins Wasser, ein ziemlich großer sogar, die Freude wird nämlich erheblich dadurch geschmälert, daß man höllisch aufpassen muß, daß man kein Wasser in die Augen bekommt, sonst hat man für einige Stunden höllische Schmerzen. Ganz abgesehen davon, daß die Sonne höllisch brennt und die Luft mit ihrem Gestank von Schwefel lebhaft an Hölle erinnert. Leser, die sich einen Vorgeschmack der Hölle verschaffen wollen, laden wir »wärmstens« zu einer Hospitation an »Ort und Stelle« ein.

Glücklicherweise ist der gute Lot noch rechtzeitig aus dieser Hölle herausgekommen, wenn es auch nicht ohne Kratzer, speziell ohne Salzsäule, abgegangen ist. Allerdings, wie es im Leben so manchmal geht, sollte er bald vom Salz, pardon, vom Regen in die Traufe kommen.

Und das kam so. Sie erinnern sich, daß Lot den Wunsch geäußert hatte, »in diese kleine Stadt da« fliehen zu dürfen. Sie war wirklich sehr klein, so klein, daß man sie »Zoar«, »Kleinheit«, nannte. Aus irgendwelchen Gründen jedoch »fürchtete er sich, in Zoar zu bleiben«, weshalb er mit seinen Kindern in's Gebirge umzog und sich dort erst einmal in einer Höhle etablierte.

Auf so engem Raum und nach all dem, was vorausgegangen war, kommen einem natürlich so manche Gedanken und vor allem machen sich die Töchter Lots Gedanken, um ihres Vaters, aber vor allem auch um ihre eigene Zukunft. Wo sollen sie zum Beispiel einen Mann finden? Ihren Bräutigam haben sie verloren und ein Mann ist weit und breit nicht in Sicht, »der zu uns kommen könnte nach aller Welt Brauch«. Nur ein Mann ist vorhanden, auch wenn er alt ist und wenn er auch der . . . eigene Vater ist.

Sicher, er ist der eigene Vater und eigentlich gehört sich so etwas nicht, aber schließlich geht es hier ja nicht um das Vergnügen, sondern darum, »durch unsern Vater unseren Stamm zu erhalten.«

Und ist das nicht ganz im Sinne Gottes des Herrn, schließlich hat er ja den Befehl »wachset und mehret euch« gegeben, wenn er auch dabei sicher an so etwas nicht gedacht hat? Aber was macht man nicht alles in der Not? Dafür wird auch Gott der Herr Verständnis haben. Also dann:

> »Komm, wir wollen unserem Vater Wein zu trinken geben und uns zu ihm legen . . .«

Ordnung muß allerdings sein, so geht am ersten Abend die ältere, am zweiten Abend die jüngere hinein . . . Und eine Weile später können beide einen Erfolg vermelden:

> »Und die ältere gebar einen Sohn und nannte ihn Moab (Meab = vom Vater); der ist der Stammvater der Moabiter bis auf den heutigen Tag. Und auch die jüngere gebar einen Sohn und nannte ihn Ben-Ammi (d.i. Sohn meines Verwandten); der ist der Stammvater der Ammoniter bis auf den heutigen Tag«.

Was sagen Sie dazu? Natürlich und da haben Sie recht, war das alles nicht im Sinne des Heiligen Geistes und im Sinne unserer höchst ehrenwerten Moralvorstellungen heute schon gar nicht und selbstverständlich gehört es sich da, daß wir moraliches Ohrensausen bekommen. Aber, »wer werfe den ersten Stein?« . . . wir nicht, wir haben genug mit unserem eigenen Apfel zu tun. Außerdem, trösten wir uns: Gott der Herr schreibt gerade auch auf krummen Zeilen!

Aber, aber, Sarai!

Vor lauter »Sodom und Gomorrha« hätten wir fast die Abrahams vergessen. So etwas kann Gott dem Herrn nicht passieren:

> »Der Herr aber nahm sich Sarais an, wie er verheißen hatte, und tat an ihr nach seinem Worte: Sarai ward schwanger und gebar dem Abraham in seinem Alter einen Sohn, um die Zeit, die Gott angekündigt hatte«.

Sarai ist und bleibt das Ganze nicht geheuer, sie, die schließlich schon jenseits von Gut und Böse ist und Abraham mit seinen 100 Jahren . . . Doch wie dem auch sei, es war der Wille von Gott dem Herrn.

Abraham gibt seinem Sprößling den beziehungsvollen Namen Isaak, was soviel heißt wie »ein Lachen hat mir Gott bereitet. Wer davon hört, wird über mich lachen« . . . Wir lachen nicht über dich, Sarai. Außerdem, »wer hat je dem Abraham verkünden können, daß Sarai Kinder stillt?«

Aus Kindern werden Leute bzw. aus Säuglingen Kinder, die, wie im Orient üblich, nach 3 Jahren »entwöhnt« werden.

Das muß gefeiert werden, und zwar mit einem anständigen Fest. Die Beschneidung hatte Isaak schon geraume Zeit hinter sich. Sie war 8 Tage nach seiner Geburt von seinem Vater persönlich vorgenommen worden. Abraham selbst hatte diese Prozedur vor einem Jahr hinter sich gebracht, als Gott der Herr ihm aufgetragen, als »ein Zeichen des Bundes zwischen mir und euch«, alles, was »männlich in seinem Hause«, zu beschneiden.

Und alles hätte so schön sein können, wenn sich da nicht ein Mißton, der sich mit der Zeit zu einem schrillen Mißakkord entwickelte, eingeschlichen hätte. Schuld daran war wieder einmal die gute Sarai. Ihr paßte es nicht, daß ihr Sohn, der Akzent liegt auf »ihr«, mit dem Sohn von Hagar, dieser hergelaufenen Ägypterin, spielte; ihr Sohn war schließlich etwas Besseres, um nicht zu sagen »Höchstes«, denn immerhin stammte er aus der Hand des Allerhöchsten. Sie kann den Anblick dieses Ismael nicht länger ertragen.

Tue mir einen Gefallen, Abraham, und:

> »Jage die Magd da mit ihrem Sohne fort; denn der Sohn dieser Magd soll nicht Erbe werden mit meinem Sohn, mit Isaak«.

Keine schöne Reaktion, Sarai! Auch Abraham ist sauer über so viel Unverständnis. Wer weiß, wie die Geschichte ausgegangen wäre, wenn Abraham nicht einen Wink aus höherer Warte bekommen hätte. Die Chronisten haben den Wink abgefangen, bitte sehr, hier ist er:

> »Laß dir's nicht leid sein um den Knaben und um deine Magd. In allem, was Sarai zu dir sagt, höre auf sie. Denn nur nach Isaak soll dein Geschlecht benannt werden«.

Komische Worte, finden Sie nicht? Anstatt, daß Gott der Herr Sarai mächtig auf die Finger klopft . . . Die arme Hagar! Das kann ja nur bedeuten, daß sie jetzt ihr Bündel schnüren muß, von Abraham noch ein Stück Brot und einen Schlauch Wasser erhält und dann ab mit ihr in die Wüste. Das sind vielleicht Verhältnisse! Bist schon ein bedauernswertes Geschöpf, Hagar!

Das findest du auch? Du hast unser ganzes (falls wir noch etwas davon hätten) Mitgefühl.

Ist denn niemand da, der euch hilft? Jetzt fängt der Junge auch noch an zu weinen, der arme, er hat Durst. Das ist ja zum Steinerweichen!

Aber horch, tut sich da nicht etwas? Seid einmal ganz still, hört ihr sie auch, die Stimme?

> »Was hast du, Hagar? Fürchte dich nicht; denn Gott hat die Stimme des Knaben gehört, dort wo er liegt«.

Aha, die Stimme eines Engels! Na, dann kann nichts mehr schiefgehen und Wasser werdet ihr auch gleich haben, so wie die Verheißung, daß Ismael es 'mal zu etwas bringen wird . . . zum Stammvater eines Volkes.

Wie schön, wenn das bei uns auch so wäre: Ein paar Tränen und postwendend Abhilfe. Mit Tränen können wir zwar auch dienen, aber unsere scheinen wohl nicht immer in die richtigen Kanäle zu fließen!

Öfter 'mal was Neues

Was würden Sie von einem Manne halten, der zu seiner Frau sagt: Ich habe dir neulich einen recht wertvollen Ring geschenkt, aber zur Zeit laufen die Geschäfte nicht gut, würdest du mir den Ring wiedergeben?

Nicht wahr, Sie fänden das ganz in Ordnung – wir jedenfalls sehen darin nichts Anomales.

Was halten Sie aber von folgendem Fall, wenn Gott der Herr zu Abraham sagt:

»Nimm deinen Sohn, deinen einzigen, den du liebhast, den Isaak, und gehe hin ins Land Moria und opfere ihn daselbst als Brandopfer auf einem Berge, den ich dir nennen werde«.

Das ist makaber, nicht? So etwas hätte man Gott dem Herrn nicht zugetraut. Bis jetzt hat er sich immer, nun, wie soll man sagen, so . . . menschenfreundlich gezeigt und nun mit einem Mal das . . . Das verstehe einer, wer will, doch wir nicht. Wir können nur hoffen, daß Abraham diese Bitte ablehnt.

Nein, das tut er nicht? Er packt vielmehr am anderen Morgen seine Sachen, nimmt seinen Sohn Isaak und zwei Knechte und zieht los? Und als er nach 3 Tagen zu dem gewünschten Ort kommt, ist er sogar bereit . . . aus Rücksicht auf den zartfühlenden Leser wollen sich die Chronisten Einzelheiten ersparen . . . ist er also sogar bereit, dem Wunsche Gottes zu entsprechen.

Da kann man nur den Kopf schütteln. Wie sehen Sie das? Dafür gibt es doch keine Erklärung, geschweige denn eine Rechtfertigung, höchstens die, wenn man sich auf den Rechtsstandpunkt stellt, daß dann Gott dem Herrn alles gehört und er sich infolgedessen nehmen kann, was er will, also gewissermaßen »Gott hat es gegeben, Gott hat es genommen«. Aber wer wird von Recht sprechen, wenn er liebt? Hat man uns nicht in der Schule beigebracht, daß bei Gott die Liebe über allem, sogar über dem Recht und der Gerechtigkeit steht? Und nun das! Wer wagt es da noch, von Liebe zu sprechen, wenn er hört, was da von Abraham verlangt wird?

Gott der Herr selbst?

Das verstehen wir nicht, das muß uns erst einer genauer erklären.

Sein Recht ist seine Liebe? Was soll denn das?

Ganz einfach? Wen man liebt, dem darf man auch etwas zumuten und je mehr man ihn liebt, desto mehr? Das sei ganz einfach das Gesetz, das Recht der Liebe?

Das ist schön und gut, aber so ganz überzeugt sind wir davon nicht, denn es gibt ja schließlich noch eine Überlegung der Zumutbarkeit, und das, was da von Abraham verlangt wird, übersteigt nun wirklich, das muß einmal in aller Klarheit gesagt werden, jede Zumutbarkeit.

Dann allerdings sei manches nicht zumutbar? Zum Beispiel auch nicht das, was sich auf Golgatha abgespielt hat?

So haben wir es natürlich nicht gemeint. Wir meinten doch nur . . . Nein, besser halten wir jetzt den Mund.

Daran hätten wir ganz recht getan? Wir sollten statt des vielen Redens uns lieber das Ende der Geschichte anhören? Dann würden wir ja selbst sehen?

Nun denn, wir hören:

»Da rief ihm vom Himmel her der Engel des Herrn zu: Abraham, Abra-

> ham! . . . Lege deine Hand nicht an den Knaben und tue ihm nichts; denn nun weiß ich, daß du Gott fürchtest: du hast deinen Sohn, deinen einzigen, mir nicht vorenthalten«.

Wie man sieht, sei es also gar nicht Deine Absicht gewesen, daß Isaak Dir geopfert werde. Erstens habest du Opfer, welcher Art auch immer, nicht nötig, zweitens habest du Abrahams Gefühle auch ohne Opfer gekannt und schließlich, wer seiest du denn, doch nicht Moloch, der Kinder- und Menschenopfer fordert, sondern . . . Aber das müßten wir doch mittlerweile selber wissen.

Ob uns denn noch nie der Gedanke gekommen sei, daß Du diese Geschichte nur habest passieren lassen, um uns ein Beispiel für Vertrauen zu geben, ein Vertrauen, an dem wir uns ein Beispiel nehmen könnten? Nur ein klein wenig von diesem Vertrauen . . . um wieviel besser würde es uns dann gehen . . . aber das könnten wir uns ja an den 5 Fingern ausrechnen . . .

Die Chronisten sind beschämt und wissen nicht, was darauf antworten. Am besten gar nichts, höchstens »Amen«.

Lovestory

Lieber Abraham, wenn man dein Leben ab und zu Revue passieren läßt, dann kann man vor Neid eigentlich nur erblassen (was wir selbstverständlich nicht tun, um nicht vor Scham zu erröten). Du hast doch eigentlich alles, was man sich nur wünschen kann: Eine Frau, mit der man durch dick und dünn gehen kann, einen Sohn, sogar zwei, arm bist du auch nicht, eher das Gegenteil, von leidigen Wehwehchen, die dir die Freude am Leben mindern könnten, erfahren wir auch nichts. Wenn man das alles zusammennimmt – und, wie du siehst, sind wir soeben dabei – da kann man nur folgern, und wir tun dies hiermit, daß:

> »der Herr dich in allem gesegnet hat«.

Und wofür? Für ein bißchen Vertrauen, na, wir wollen nicht untertreiben, es war schon ein bißchen mehr als ein bißchen. Das Einzige, was dir zu deinem Glück – entschuldige, Abraham, wenn wir das so formulieren – noch fehlt, ist etwas Junges, Frisches, eben ein junges Mädchen . . . Als Vater möchte man doch noch gerne seine künftige Schwiegertochter kennenlernen und wenn möglich, bei ihrer Wahl noch ein bißchen mitmischen. Wie wir dich kennen, wirst du auch das sicherlich noch hinkriegen. Klar, du beauftragst einen deiner Knechte, ein Mädchen für Isaak zu besorgen, natürlich keine von diesen Kanaaniterinnen, nein, eine aus der Heimat, da weiß man, was man hat.

Der Knecht ist von diesem Auftrag nicht gerade begeistert: Wie er das denn anstellen solle und was ist, wenn das Weib nicht will? Soll er dann Isaak selbst hinbringen?

Für Abraham ist das alles kein Problem. Der Knecht wird einen »Passepartout« mit auf den Weg bekommen, der ihm die Schwierigkeiten aus dem Wege räumt: Ein Engel höchstpersönlich wird es sein. Er braucht sich also keine Sorgen zu machen, aber Isaak soll er auf keinen Fall dort hinbringen und wenn das Weib nicht will, so ist auch der Knecht seiner Verpflichtung enthoben. Mit dieser Auskunft ist der Knecht zufrieden.

Wenn das so ist, dann kann die ganze Sache ja kräftig »beschworen« werden:

> »Da legte der Knecht seine Hand unter die Hüfte Abrahams, seines Herrn, und schwur, nach seinem Wort zu tun«.

Ausgestattet mit der Kleinigkeit von 10 Kamelen und allerlei »Preziosen«, zieht der Knecht los gen Norden bis hoch nach Syrien am Euphrat, wo Nahor, der Bruder Abrahams wohnt. Sein Herr Abraham kennt die Strecke aus dem Effeff.

Nach einer Reihe von Tagen, schneller geht es nun einmal nicht, kommt der Knecht in Haran an.

> »Da ließ er die Kamele sich lagern, draußen vor der Stadt am Wasserquell, abends um die Zeit, da die Frauen herauskommen, um zu schöpfen«.

O je, jetzt wird's ernst! Wenn man nur wüßte, wie man's richtig machte! Am besten – und da kann man gar nichts falsch machen – man delegiert das Ganze nach »oben«, die wissen schon am besten, wie sie das machen. Er jedenfalls will, wenn man »oben« damit einverstanden ist, zu dem Mädchen, von dem er glaubt, daß es das Richtige sei, sagen:

> »Neige doch deinen Krug, daß ich trinke«.

Und das Mädchen, wenn es die Richtige ist, wird dann sagen:

> »Trinke, und auch deine Kamele will ich tränken . . .«.

Wenn es so läuft, will er die Sache als »gelaufen« ansehen. Und, es ist sagenhaft, noch bevor der Knecht zu Ende geredet hat (Junge, muß der einen »heißen« Draht gehabt haben), erscheint schon ein Mädchen auf der Bildfläche, bei deren Anblick unsere Großväter den Schnurrbart gezwirbelt und anerkennend etwas von »einem stolzen Weib« gemurmelt, unsere Väter und Männer ein »Donnerwetter« von sich gegeben und unsere jungen Männer ganz einfach bewundernd durch die Zähne gepfiffen hätten.

Die Bibel ist wie so oft auch hier dezenter und . . . viel genauer, sie stellt nämlich fest:

> »Das Mädchen war sehr schön von Ansehen, eine Jungfrau; noch kein Mann hatte sie berührt«.

Wie alt sie wohl sein mag, 12, 15 oder vielleicht 17? Aber das spielt auch keine Rolle, Hauptsache, sie kommt in Frage.

Sie kommt in Frage, wir gratulieren, denn sie spricht voll auf den Code an und ist niemand anders als Rebekka, die Tochter Bethuels, des Sohnes der Milka, des Weibes Nahors, des Bruders Abrahams.

Der Mann ist happy und greift nach einiger Überlegung in sein Gepäck, um einen goldenen Nasenring und goldene Armspangen hervorzuholen.

Die Chronisten benutzen die Gelegenheit – die beiden sind ohnedies für ein paar Momente beschäftigt – um einen Blick auf die Kostbarkeiten zu werfen. Kompliment, die Sachen können sich sehen lassen. Der Nasenring hat ein Gewicht von 1/2 Lot und die Armreifen von 10 Lot, was zusammen ein Gewicht – Moment, wir haben's gleich - von . . . wenn man davon ausgeht, daß ein Lot 11,4 Gramm sind, von 119,7 Gramm ist.

Alle Achtung! Ja, das waren wenigstens noch Geschenke, finden Sie nicht? Heute kann ein junges Mädchen froh sein, wenn ein junger Mann sie zu einem Eis am Stiel einlädt, womit natürlich nichts, auf diese Idee würden wir nie kommen, o nein, womit natürlich nichts gegen die jungen Männer gesagt ist, die solches tun, sondern nur, daß Mädchen nicht erst, wie man gerne meint, seit heute verwöhnt werden, sondern schon ein paar Tage länger und wie man sieht, nicht schlecht.

Auf Rebekka macht das Ganze natürlich einen kolossalen Eindruck. Das muß sie sofort, sobald sie sich von dem Manne loseisen kann, der Mutter erzählen. Stell dir vor: »so und so hat der Mann zu mir geredet«.

Armreifen, Nasenring? Das muß ich mir genauer ansehen, denkt Laban, der Bruder des Mädchens. Und schnell läuft er zum Brunnen, wo er den Mann noch immer bei den Kamelen findet und heißt ihn auf das Herzlichste willkommen:

> «Komm herein, du Gesegneter des Herrn! Warum bleibst du da draußen stehen? Ich habe schon das Haus aufgeräumt und auch für die Kamele Platz gemacht«.

Der Mann nimmt die Einladung dankend an, doch Appetit auf Essen hat er im Augenblick noch nicht. Erst will er seinen Auftrag loswerden.

Also gut, laß hören . . .

Das ist ja eine hochinteressante Geschichte, die der Mann da erzählt.

Es ist ganz klar:

> »das ist vom Herrn gefügt!«

Da bleibt nur eines übrig:

> »Da hast du Rebekka! Nimm sie und ziehe hin, daß sie das Weib des Sohnes deines Gebieters werde, wie der Herr es bestimmt hat«.

Der Knecht ist selig und wirft sich vor dem Herrn zur Erde nieder, dann holt er die restlichen Kostbarkeiten aus seinem Gepäck: Silberne und goldene Geschmeide, Gewänder für Rebekka und auch für die Mutter und den Bruder fällt genügend ab.

Am nächsten Morgen schon – die Familie würde das Kind noch gerne etwas bei sich behalten, aber Rebekka selbst ist auch dafür – geht es auf die Rückreise. Und so gibt man ihr den Segen und als Geschenk noch die Amme und wünscht der Tochter alles Gute. Vor allem viele Kinder!

Das Ende der Lovestory ist leicht auszumalen. Sie endet, wo solche zu enden pflegen: In den Armen des Liebsten, in diesem Falle Isaaks, der an jenem bewußten Tag sich gerade auf dem Felde aufhält, um »nachzusinnen«. Als sich mit einem Male auf einem Kamel eine Frau nähert (in Begleitung, selbstverständlich) und sich interessiert nach dem Mann, »der uns dort auf dem Felde entgegenkommt«, erkundigt. Und als sie hört, mit wem sie es zu tun, nimmt sie rasch ihren Schleier und verhüllt sich.

Wir sagen dem verehrten Leser sicher nichts Neues, wenn wir ihm mitteilen, daß der Rest nur noch eine Frage von Stunden, von Minuten, gewesen sein dürfte. Da, sehen Sie selbst hin!

> »Da führte Isaak die Rebekka ins Zelt hinein, und er nahm sie sich zum Weibe und gewann sie lieb«.

Die Chronisten wissen ausnahmsweise einmal, was sich gehört und ziehen sich deshalb – nachdem sie mit Befriedigung festgestellt haben, daß sich da wohl zwei gefunden haben, die füreinander bestimmt waren – diskret zurück . . ., um sich, wenn's erlaubt ist, ein paar Schritte weiter vom Zelt entfernt, niederzusetzen, um, wie soeben Isaak, »nachzusinnen«.

Dabei kommt ihnen – während sie so ruhig dasitzen, unter freiem Himmel und in den klaren Sternenhimmel über sich blickend – auf einmal der Gedanke, den sie zunächst energisch versuchen wegzuschieben, allein, er erweist sich als hartnäckig, daß es wohl doch manchmal so zu sein scheint, daß Ehen im Himmel geschlossen werden. Wenn man so an Isaak und Rebekka denkt . . . aber – und spätestens hier rufen sich die Chronisten zur Ordnung – dies sind sicher nur romantische Träume, hervorgerufen durch einen Sternenhimmel, obwohl . . . was steht dagegen, jawohl – und an dieser Stelle wird ihre Stimme lauter – daß eine Ehe der Himmel auf Erden ist und daß wir, Himmeldonnerwetter nochmal, im siebenten Himmel leben? Nichts anderes, als . . . der Boden der Tatsachen! Aber, verflixt nochmal, woran scheitert's denn so häufig? Ach du lieber Himmel, wir hätten es wissen müssen, wir ziehen ja auch schon unsere Frage zurück, woran kann's schon scheitern: Am Apfel natürlich.

Happy-End

Jedes Ding hat sein Ende, auch eine Ehe, selbst wenn es die von Sarai und Abraham ist, spätestens dann, »wenn der Tod sie scheidet«. Sarai geht mit 127 Jahren vondannen – die Heirat ihres »Einzigen« erlebt sie nicht mehr –.

Abraham lebt noch fast 50 Jahre länger, ein Menschenalter länger, weshalb er sich auch noch einen Menschen sucht und ihn in Ketura, mit der er noch 5 Kinder zeugt, findet.

Da kann man nur Bauklötze staunen, wenn Sie uns diesen saloppen Ausdruck angesichts dieses ernsten Sachverhalts gestatten. Vor allen Dingen, wenn man ganz nebenbei erfährt, daß es außer Ketura noch ein paar Nebenfrauen gegeben hat, die Herr Moses, präzise wie er ist, nicht unterschlägt.

Trotz dieses Sachverhaltes bleiben die Verhältnisse klar, nämlich, daß Isaak der Alleinerbe war und daß Abrahams Nebenfrauen und deren Kinder vom Erbe nichts bekamen. So war nun einmal das Recht, was nicht heißt, daß sie gar nichts bekamen, dafür sorgte Abraham schon, sie bekamen, wie es sich gehört, Geschenke. Und Abraham tat noch ein übriges, er

> »schickte sie noch zu seinen Lebzeiten von seinem Sohne Isaak hinweg gegen Osten hin, in's Ostland«.

Und so kam denn auch die Zeit, da Abraham das Zeitliche segnen mußte. Er war 175 Jahre, als er sein Leben aushauchte.

> »So starb Abraham in schönem Alter, alt und lebenssatt«.

Das ist wahr, dem können die Chronisten nur beipflichten. Was hat Abraham für ein Leben gehabt! Was hat er nicht alles kennengelernt! Wem ist er nicht begegnet! Alles in allem, Abraham, du kannst dich nicht beklagen. Aber das tust du ja auch nicht; nur deine Kinder, wie sich das nun einmal gehört, wenn einer stirbt. Auch du hast das getan, als Sarai starb, du gingst

> »hinein, die Totenklage um Sarai zu halten und sie zu beweinen«.

Ob ihr euch allerdings Asche auf's Haupt gestreut, eure Hüften in Sackleinen gehüllt, Kopf und Gesicht rasiert habt, barfuß gegangen seid, wie es später der Brauch war, wissen wir nicht, wohl aber, wo eure Familiengrabstätte war: In Machpela, einem Stadtteil von Hebron, wo ihr zuletzt gewohnt und du, Abraham, eine passende Grabstätte vom Hethiter Ephron erstanden hast.

Der verehrte Leser kann sie übrigens heute noch besichtigen. Lassen Sie sich von der Moschee, die darübergebaut ist – denn auch für die Moslems ist Abraham ein guter Bekannter, ein »Freund Gottes«, wie sie ihn nennen, sogar der Begründer ihrer Religion – nicht abhalten. Sie werden Abraham schon finden. Falls Sie etwas für Souvenirs übrig haben, bringen Sie sich doch etwas aus Hebron-Glas mit. Es ist schön, zerbrechlich . . . wie das Leben. Doch zurück zu unserem verehrungswürdigen Toten.

Warum runzeln Sie die Stirn? Mögen Sie etwa das Thema »Tod« nicht?

Muß man denn über ein solches Thema reden? Allein der Gedanke widerstrebt unserer Natur, vom Faktum ganz zu schweigen?

Die Bibel ist da, wenn Sie uns die Korrektur erlauben, nicht Ihrer Meinung. Sie sieht im Sterben nichts Widernatürliches, es ist ganz in der Ordnung, eben natürlich, was nicht ausschließt, daß man sich Gedanken darüber macht. Auch zum Beispiel darüber, wie es weitergeht, aber da ist man in der Regel voll Vertrauen, Gott wird das schon machen. Im übrigen: So lange man lebt, ist der Tod noch nicht da, und dann . . . was spielt das dann noch für eine Rolle? Eine Rolle hingegen spielt das Leben. »Savoir vivre« wird groß geschrieben, wozu natürlich auch, so ist es nun einmal, »savoir mourir« gehört.

Die Chronisten brechen an dieser Stelle ihre Betrachtungen ab, da sie die Nerven des verehrten Lesers nicht noch mehr strapazieren wollen. Sie stellen nur, falls dies noch erlaubt sein sollte, gewissermaßen »posthum« fest, daß wir uns wieder einmal mehr eine Scheibe von den Alten abschneiden können und nicht nur eine. Aber bevor uns der Neid zu sehr in die Zange nimmt, schnell ein Adieu, Abraham, nein: à Dieu!

VI. Und weiter rollt der Apfel

Ein Zwilling kommt selten allein

Kennen Sie die »Geschichte Isaaks, des Sohnes Abrahams?« Für den Fall, daß Sie sie nicht kennen sollten, dies ist sie, wie immer, frisch von Moses zubereitet und frisch von uns . . . aufgewärmt.

Sie erinnern sich vielleicht noch, wo wir Isaak und Rebekka zuletzt gesehen haben. Ganz richtig, vor dem Zelt war's.

Nun, wir können Ihnen die Mitteilung machen, daß sie mittlerweile wieder aus dem Zelt herausgekommen sind, das heißt, Moment, vielleicht sind sie gerade wieder drin, denn die beiden sind inzwischen schon einen Streifen miteinander verheiratet; ganz präzise, so lange, wie es genügt, um festzustellen, daß Rebekka, nun ja, wie soll man es formulieren, am besten, wir lassen es doch Herrn Moses, das heißt in diesem Falle Herrn Isaak, sagen, also, daß Rebekka . . . »unfruchtbar« ist. Und das ist das Schlimmste, was einer verheirateten Frau, deren Wert mit dem Nachwuchs, dem männlichen, selbstredend, steht und fällt, passieren kann.

Arme Rebekka, bei uns ist eher das Gegenteil schlimm, weshalb man es denn auch in vielen Fällen mit vielen, vielen Pillen und noch mehr Praktiken zu verhüten sucht.

Tja, das waren noch Zeiten! Was nicht heißt, daß es solche heute nicht mehr gibt, oh, dies sei ferne, denn auch heute gibt es noch Flecken in fernen Gegenden – gar nicht so weit, wenn man das Flugzeug nimmt – wo es noch Herren, zum Beispiel Scheichs, gibt, die ähnlich »fruchtbar-maskulinen« Auffassungen huldigen und auf die Frage, wie viele Söhne, mit einer genauen Zahl und auf die Frage, wie viele Töchter, mit einer wegwerfenden Handbewegung, antworten. Und die, wenn man sie deuten will, und die Chronisten haben das getan, nur den Schluß zuläßt, daß die betreffenden Herren und Väter dies nicht genau wissen. Kann man denn alles wissen? Arme Töchter, aber vielleicht auch . . . arme Väter! Die Chronisten, die sonst gerne dabei sind, wenn es darum geht, ein »vive l'orient« auszurufen, tun es ausnahmsweise hier einmal nicht, um dafür in ein um so kräftigeres, begeisterteres »vive l'occident« auszubrechen. Jawohl: Unser vielgeliebtes, vielgeschmähtes Abendland, lebe hoch, hoch lebe es, denn bei uns, abgesehen von einigen Königs- und Fürstenhäusern, die hier noch ähnliche, eben antiquierte Vorstellungen haben (oh, hoffentlich hat das niemand gehört!), kann eine Frau, und das wollen wir einmal in freudiger Erregung feststellen, noch immer gebären, wen oder was sie will oder auch nicht, ganz wie sie will. Nach dieser äußerst befriedigenden Feststellung kehren die Chronisten mit Stolz und Genugtuung in der Brust zurück zu Isaaks. Bei passender Gelegenheit werden sie darüber einmal mit ihnen sprechen. Im Moment haben diese allerdings keine Zeit, denn das Problem des Stammhalters beschäftigt sie doch sehr, doch Sorge macht es ihnen nicht, braucht es auch nicht, denn Isaak hat wie sein Vater gute Beziehungen: Nach oben. Woran man wieder einmal sehen kann, daß alles eine Sache der Beziehungen ist.

Sehen Sie, was haben wir gesagt:

> »und der Herr ließ sich von ihm erbitten, und sein Weib Rebekka wurde schwanger«.

Allerdings, eine ganz einfache Schwangerschaft scheint es nicht gewesen zu sein, denn Rebekka klagt über »die Kinder, die sich in ihrem Leibe stießen«, und wenn es so ist, »warum lebe ich dann«? Kopf hoch, Rebekka, so schlimm ist es nun auch nicht! Es wird schon werden, schau, du bekommst sogar Trost von oben, was bei uns so gut wie gar nicht vorkommt. Jetzt weißt du's, du bekommst Zwillinge, aus denen »zwei Völker« hervorgehen sollen.

Es ist schon so weit? Nur ruhig Blut, es wird schon schiefgehen! Wenn es geht, versuch' nicht nervös zu sein, versuch' dich zu entspannen; alles andere, wenn du ein bißchen nachhilfst, kommt von selbst. Siehst du, der erste zeigt schon sein Köpfchen, er ist ganz rot und stell dir vor, er sieht aus wie ein »behaarter Mantel« und wenn du jetzt noch ein bißchen mithilfst, kommt gleich auch der zweite, da, da ist er auch schon, er greift seinem Bruder nach der Ferse, der Schlingel! Jetzt hast du es auch geschafft. Du kannst zufrieden sein, zwei Söhne, wenn das keine Leistung ist! Das muß auch dein Isaak sagen, der Gute, den das Ganze bestimmt genauso mitgenommen hat wie dich, und solche Aufregungen bleiben einem Mann von 60 Jahren bestimmt nicht in den Kleidern hängen. Nun, ruh' dich aber erst 'mal schön aus. Wir kommen nachher wieder, wenn ihr den beiden Namen gebt.

Die Chronisten nutzen die Gelegenheit, sich mit dem verehrten Leser über Namen zu unterhalten. Haben Sie sich schon einmal überlegt, was Ihr Name bedeutet? Also, wir haben uns angestrengt und nachgedacht und spekuliert und in den wenigsten Namen einen Sinn gefunden: Müller, Meier, Schmidt usw. Wir können darin beim besten Willen keinen Sinn mehr erkennen, Sie? Vielleicht noch bei den Vornamen, wenn sie nicht gerade unter dem Gesichtspunkt gewählt werden, daß es da eine Tante Amalie in der Familie gibt und es sich doch eigentlich gehören würde . . . schließlich ist die Tante Amalie so empfindlich . . . und reich ist sie auch . . . dem Töchterchen den Namen, nun ja, auch wenn er vielleicht nicht besonders schön ist . . . eben den Namen Amalie zu geben.

Da war das früher anders. In erster Linie sollte der Name, wie schon der Name sagt, etwas besonders Charakteristisches über die betreffende Person aussagen. Wenn zum Beispiel Abraham »Vater vieler Völker« bedeutet, dann steht dahinter der entsprechende Wunsch. Und wenn Abraham seinen Sohn Isaak nennt, dann deshalb, weil Sarai, Sie erinnern sich, »darüber lachen mußte«.

Also, ehrlich gesagt, würde es uns unter diesen Umständen schon interessieren, welchen Namen Isaak und Rebekka für ihre Kinder aussuchen. Wenn Sie nichts dagegen haben, blenden wir uns also wieder ein.

Aha, Esau und Jakob heißen sie? Ja, das läßt sich hören. Was meinen Sie? Esau klingt ganz vernünftig, denn schließlich kam er als »Rothaariger« auf die Welt. Jakob ist auch nicht schlecht, »Fersenhalter«. Kompliment ihr beiden, ihr habt euch wirklich etwas dabei gedacht! Wenn sich alle Leute etwas denken würden und nicht nur bei Namen . . .! Aber das ist eine Bemerkung, die eigentlich schon nicht mehr hierher gehört, deshalb sollten wir sie auch wieder streichen. Wo ist denn nur unser Radiergummi? Entschuldigung, er ist uns abhanden gekommen, wir müssen ihn suchen. Sie sind sicher so nett, uns für ein paar Minuten zu entschuldigen.

So ein Schlitzohr!

Leider haben wir unseren Radiergummi nicht gefunden, so werden wir es wohl ohne weiterversuchen müssen, was gar nicht so einfach ist, denn gerade an diesem Kapitel gäbe es so manches zu radieren, das nicht schön ist und kein schönes Licht auf die Betreffenden wirft . . . aber wir können es nun einmal nicht ändern.

Aus unseren Knaben, ja, so schnell geht das in der Bibel, sind inzwischen junge Männer geworden, von denen der eine ein Jäger, ein »tüchtiger«, falls es Sie interessiert, und der andere ein feiner Herr wurde, »ein gesitteter Mann, der in den Zelten wohnte«. Vater Isaak mochte den Gesitteten nicht so gern, der dafür der Liebling seiner Mutter Rebekka war (im Leben hat eben alles seinen Ausgleich). Isaak mochte den hartgesottenen »Mann des Feldes« mehr, der auch 'mal bei einem anständigen Stück »Wildbret« nicht nein sagte.

Sie haben es sicher schon erraten, wer der feine Pinsel und wer der weniger feine war: Jakob und Esau und genau in der Reihenfolge, das heißt, wenn man es sich bei Licht besieht, ist der auf den ersten Blick fein Erscheinende vielleicht doch nicht so fein. Fein hin, fein her, urteilen Sie selbst!

»Einst« – und damit hebt die Geschichte an – »kochte Jakob ein Gericht«, wogegen sicherlich nichts einzuwenden ist. Er steht also draußen vor dem Zelt, vor seinem Herd aus Steinen, wie sich's gehört, oder auch einer offenen Feuerstelle und rührt in einem Topf, vielleicht einem schönen irdenen, wo einiges hineingeht, probiert zuweilen, fügt vielleicht von Zeit zu Zeit noch eine Prise Gewürz hinzu, womöglich noch etwas Butter zur Verfeinerung oder gar Zwiebeln, mit anderen Worten: Freut sich seines Lebens. (Die Chronisten sind vom letzteren zutiefst überzeugt, da sie bisher noch keinen Menschen erlebt haben, der, wenn er auch sonst ein Ausbund an Griesgrämigkeit, nicht zusehends umgänglicher wird, wenn man ihm ein Gericht vorsetzt.)

Und während das alles friedlich vor sich hinköchelt und verheißungsvolle Düfte durch die Gegend ziehen und Jakob ab und zu ein Auge darauf wirft, ob das Feuer auch noch an ist, kommt Bruder Esau des Weges. Besonders motiviert sieht er ja nicht aus, ist auch kein Wunder, denn erstens kommt er vom Felde und ist müde und zweitens hungrig, deshalb:

»Laß mich doch schnell von dem roten Ding essen, dem roten da; denn ich bin müde«.

Unmißverständliche Worte, wie die Antwort, aus der die Chronisten einen kühlen Unterton herauszuhören glauben, und die da ebenso klar wie deziddiert lautet:

»Verkaufe mir zuerst deine Erstgeburt«.

Esau bleibt – die Chronisten haben den dringenden Verdacht – erst einmal der Mund offenstehen. Ein Glück nur, daß er noch keinen Bissen im Mund hat, wer weiß . . .

Das ist doch wohl nicht gut möglich! Das Erstgeburtsrecht will dieser Kerl? Damit dieser Bursche sich selber in den Genuß von Annehmlichkeiten bringen kann, die dem Älteren nun einmal zustehen? Den doppelten Anteil des Vermögens zu kassieren, das große Wort zu führen, wenn der Vater einmal nicht mehr ist und auch jetzt schon nach dem Vater den Ton anzugeben? Dieses Schlitzohr! Den Namen Jakob trägt der Bursche wirklich zu Recht, nicht nur damals hat er ihm nach der Ferse gepackt, jetzt packt er ihn auch noch an seiner Achillesferse. Einen feinen Bruder hat man da!

Wenn das kein Grund zum Weinen ist! Aber auch keiner zum . . . Hungern! Und Hunger ist der ungeduldigere Bruder. Im übrigen, was soll's? Einmal muß man ja doch sterben, »was soll mir da das Erstgeburtsrecht«? Also dann, in Gottes Namen, so sei es denn!

Wer denkt, daß Jakob damit zufrieden war, hat sich verrechnet. Der schlaue Fuchs will es auch noch »schriftlich«, mit anderen Worten »beschworen haben«.

Auch das noch! Aber was will man machen, der Magen hängt einem schon in der Kniekehle. Also:

»Und er schwur ihm und verkaufte also dem Jakob seine Erstgeburt«.

Esau, wir wollen dich ja nicht tadeln, das tut die Bibel schon, aber meinst du, das war richtig? Es wird dir sicher bald leid tun, aber dann ist es zu spät. Dein Erstgeburtsrecht bist du nun einmal los, daran ist nichts zu ändern, und formaljuristisch – so nennen wir das heute – kannst du nichts machen.

Und das alles, lieber Esau, entschuldige, für ein »Appel und Ei«, was sagen wir, für einen Teller Linsen!

Wie der Vater, so der Sohn

Wir hoffen, verehrter Leser, Sie haben die Linsen inzwischen verdaut und Ihre Magenfunktion ist wieder in Ordnung. Manche Gerichte liegen einem schon schwer im Magen, aber Hauptsache, man wird mit dem Biß der Wirklichkeit, der natürlich, wie könnte es anders sein, eng mit dem Apfelbiß verzahnt ist, fertig: Woran man wieder sieht, wie wichtig eine gute Verdauung ist.

Da wir gerade von Verdauung reden, bei den Isaaks scheinen diesbezüglich Probleme aufgetreten zu sein, die darin bestehen, daß es bald nichts mehr zum Verdauen geben wird, weil es ganz einfach . . . nichts mehr . . . zu beißen gibt.

Wir wollen nicht schadenfroh sein, oh nein, Jakob, solches schieben wir weit von uns, aber schaden tut's dir nicht, wenn du auch einmal ein bißchen Kohldampf schiebst. Leid tut es uns nur für die anderen.

Zum Glück weiß Isaak Abhilfe. Wenn er sich richtig erinnert, kannte sein Vater Abraham – Gott hab ihn selig – seinerzeit einen gewissen Abimelech, seines Zeichens König der Philister, mit dem er es gut konnte und der ihm, wie er ihm, manchen Gefallen getan. Wie war das noch gewesen? War da nicht auch etwas mit seiner Mutter Sarai gewesen? Ja richtig, sein Vater Abraham hatte seine Frau Sarai – was er in solchen Fällen schon 'mal zu tun pflegte – aus »Sicherheitsgründen« als seine Schwester vorgestellt und Abimelech hatte sich denn auch prompt in seine Mutter, die, wie er wußte, ein äußerst attraktives Geschöpf gewesen war, verliebt.

Gott sei Dank, war die Affäre noch einmal gut ausgegangen, denn Gott der Herr hatte sie zu verhindern gewußt. Und Abraham und Abimelech waren Freunde geworden, was sie nicht hinderte, sich ab und zu zu befehden. Wie in der Sache mit dem Brunnen, wo Abimelechs Knechte Abraham eine Wasserstelle streitig machen wollten. Zum Glück war sein Vater Abraham auf der Hut gewesen und hatte Abimelech zur Rede gestellt und so konnte die ganze Sache noch einmal beigelegt werden durch ein Agreement, durch einen Bund, in dem die Rechte ein für allemal geklärt wurden. Wo hatte sich das noch abgespielt? Ach ja, in Beerseba, deshalb »Schwurbrunnen« genannt.

Wenn einer ihnen aus der Patsche helfen könnte, dann Abimelech. Zuerst Abimelech, und von da vielleicht nach Ägypten.

Also dann, Leute, macht euch reisefertig, nehmt vor allen Dingen genügend Wasserschläuche mit, damit wir nicht vorzeitig auf dem Trockenen sitzen!

Da Isaaks sicherlich bald in Ägypten aufkreuzen werden – wer bleibt schon bei Abimelech, wenn er nach Ägypten ziehen kann – sind die Chronisten der Einfachheit halber schon 'mal vorausgeflogen und warten nun auf den guten Isaak.

Das hier ist wenigstens noch Kultur! Isaak wird Augen machen! Wo bleibt er denn eigentlich? Er müßte doch längst da sein. Ob etwas dazwischengekommen ist? Ob Abimelech ihn nicht hat ziehen lassen? Gewiß, Abimelech ist ein Philister, aber wenn er auch ein Philister ist, so hat er sich bis jetzt durchaus nicht philisterhaft gezeigt. Das kann es also nicht sein. Was mag es aber dann sein? Die Chronisten sind äußerst beunruhigt. Ob Isaak »geheime Order« bekommen hat, nicht nach Ägypten zu ziehen?

In der Tat, eine Kurskorrektur hat stattgefunden mit dem Befehl, »in diesem Lande als Fremdling zu weilen«:

> ». . . denn dir und deinem Geschlechte will ich all diese Länder geben und so den Eid erfüllen, den ich deinem Vater Abraham geschworen habe: ich will dein Geschlecht so zahlreich machen wie die Sterne des Himmels und will deinem Geschlecht all diese Länder geben . . .«

So sieht das also aus! Hast du ein Glück, Isaak! Ja, ja, es ist schon so, den Seinen gibt es der Herr im Schlafe und ihnen fällt alles in den Schoß und den anderen bleibt nichts anderes übrig, als sich von morgens bis abends abzurackern und zum Dank dafür können sie noch nicht einmal ein Auge zutun.

Was haben denn die anderen, mit Verlaub, was diese nicht haben? Das würde uns interessieren.

Die richtigen Prioritäten?

Natürlich, hätten wir uns ja denken können, wir sind 'mal wieder selber schuld.

Okay, Lektion begriffen!

Aber eine kleine Lektion, verehrter Isaak, möchten wir dir, wenn's erlaubt ist, auch verpassen; wie du mir, so ich dir. Wir haben nämlich in Erfahrung gebracht und das finden wir gar nicht schön, daß du dir dasselbe geleistet hast wie dein Vater und die gute Rebekka – die außerdem sehr schön – ohne mit der Wimper zu zucken, als deine Schwester ausgegeben hast. Natürlich kennen wir deine Entschuldigungsgründe – sie sind dieselben wie bei deinem Vater – aber du wirst auch uns entschuldigen, daß wir das nicht entschuldigen werden. Im übrigen solltest du von deinem Vater wissen, daß so etwas in den seltensten Fällen gut zu gehen pflegt, wenn es auch bei deinem Vater gut gegangen ist. Doch unsere Erfahrung ist eher: »Der Krug geht so lange zum Brunnen bis er bricht«, das heißt, bis irgendjemand die Sache spitz kriegt. Pass nur ja auf!

Doch wie die Dinge stehen, ist es schon zu spät:

> »Als er aber schon längere Zeit dort wohnte, begab es sich, daß einst Abimelech, der König der Philister, zum Fenster hinausschaute; da sah er Isaak mit seinem Weibe Rebekka kosen«.

Tja, lieber Isaak, Vorsicht ist eben die Mutter der Porzellankiste! Doch das Porzellan ist jetzt zerdeppert und Abimelech sauer:

> »Sie ist ja dein Weib! Wie konntest du denn sagen, sie sei deine Schwester?«

Die Erklärung, du habest Angst gehabt, hilft dir gar nichts. Abimelech hat ganz recht:

> »Was hast du uns da angetan! Wie leicht hätte einer aus dem Volke deinem Weibe Gewalt antun können, und du hättest eine Schuld über uns gebracht«.

Du kannst von Glück sagen, daß Abimelech ein Gentleman ist und dich unter seinen persönlichen Schutz nimmt:

> »Wer diesen Mann oder sein Weib anrührt, ist des Todes!«

Jetzt kannst du dich in Ruhe wieder deiner Karriere widmen und wie wir dich kennen, wirst du es bald zu etwas bringen und selbst wenn du Neider hast (und die hast du), wird dich das nicht hindern. Das ist so klar wie das Amen in der Kirche. Du hast schließlich den höchsten Rechtsbeistand, den es geben kann.

Isaak, »ein Lachen hat mir Gott bereitet«, müßte man heißen, was frei übersetzt so viel heißt wie »wer zuletzt lacht, lacht am besten«.

Schäm' dich, Jakob!

Die Chronisten kommen nicht umhin, dieses Kapitel mit der nicht gerade sehr klugen, aber nichtsdestoweniger zutreffenden Feststellung zu beginnen, daß es nun einmal so ist und daran können leider auch die Chronisten nichts ändern, wie gesagt, daß es nun einmal so ist, daß wir – es ist hart, wir wissen es – alle nicht jünger werden. Auch Isaak nicht. Wenn man bedenkt, daß er vor ein paar Seiten noch ein junger Mann war und daß er jetzt schon mit einem Fuße im Grabe steht . . . So schnell geht das: Eines Tages wacht man auf und stellt fest, daß sich die Jugend verflüchtigt und der Herbst seinen Einzug gehalten hat. Da hatten es Adam und Eva in ihrem ewigen Frühling besser. Doch Schluß mit dem Lamentieren, davon gehen die Fältchen auch nicht weg, im Gegenteil . . .

Es würde uns interessieren, lieber Isaak, wie du mit dem Alter fertig geworden bist. Auch du scheinst ja so manches Zipperlein gehabt zu haben,vor allen Dingen, die Augen tun's wohl nicht mehr so wie sie sollten. Wenn man genau hinsieht, scheinst du dich sogar mit dem Gedanken an dein baldiges Ableben zu befassen; allerdings, wie man sieht, ganz nüchtern und ohne Panik. Das war bei deinem Vater Abraham schon genau so.

Doch »bevor du dich zu den Vätern legst«, wirst du sicher – wie es so üblich ist – deinem ältesten Sohn den väterlichen Segen, gewissermaßen den Glücksgaranten, geben. Aber noch ist es nicht ganz so weit, denn Esau soll dir zuerst noch ein schönes Stück Wildbret, wie du es gerne ißt, besorgen und dann, nach dem Essen, wird man weitersehen.

Leider, lieber Isaak, schade, daß wir es dir nur posthum sagen können, spielt sich da hinter deinem Rücken eine raffiniert eingefädelte Intrige ab, hinter der, es tut uns leid, es dir sagen zu müssen, niemand anders als deine Frau und deren Liebling Jakob stehen. Rebekka möchte nämlich, daß ihr Lieblingssohn den Segen bekommt und deshalb gibt sie Jakob den Auftrag, zwei schöne Ziegenböcklein zu besorgen, die sie zubereiten will, wogegen Jakob auch nichts einzuwenden hat, nur eine Sorge, ja die bewegt ihn denn doch:

> »Sieh, mein Bruder Esau ist behaart und ich bin glatt. Vielleicht könnte mein Vater mich betasten, dann stünde ich vor ihm als einer, der seinen Spott mit ihm treibt, und ich brächte über mich einen Fluch und nicht einen Segen«.

Was Rebekka mit einer Handbewegung vom Tisch fegt:

> »Der Fluch komme über mich, mein Sohn! Höre nur auf mich, geh und hole mir's«.

Nicht gerade zimperlich, was? Aber es kommt noch schlimmer, denn:

> »Dann nahm Rebekka die Feierkleider Esaus, ihres ältern Sohnes, die sie bei sich im Hause hatte, und legte sie Jakob, ihrem jüngeren Sohn, an. Die Felle von den Ziegenböcklein aber tat sie ihm um die Arme und um seinen glatten Hals«.

Dazu gehört sich schon etwas, finden Sie nicht?

Wir können ohnehin nichts mehr für dich tun, Isaak, deshalb lassen wir jetzt der Szene ihren Lauf.

Jakob betritt mit dem dampfenden Gericht den Raum, in dem sein Vater vor sich hindämmert. Auf dessen mißtrauische Frage, wer da sei, antwortet er, ohne mit der Wimper zu zucken, dazu gehört sich schon etwas, daß er Esau sei, der gekommen, ihm das gewünschte Wildbret zu bringen. Aber jetzt solle er erst einmal schön essen und sich stärken, damit er ihm hinterher den Segen geben könne.

So leicht läßt sich Isaak nicht abschütteln, er bleibt mißtrauisch und traut dem Braten nicht, außer dem echten.

Wo er denn so schnell das Wild her habe und er soll doch einmal näherkommen, damit er ihn betasten kann. Ja, den Armen nach ist es Esau, aber der Stimme nach Jakob. Also, bist du nun Esau oder nicht, der Vater will es ganz genau wissen.

Ja, er sei Esau. Nun denn, so solle er ihm zu essen auftragen und zu trinken.

Als Isaak gegessen, erteilt er ihm in feierlicher Form den Segen.

Jetzt hast du erreicht, was du wolltest, bzw. deine Mutter. Pfui Jakob, das hätten wir denn doch nicht von dir gedacht, wenn wir auch wissen, daß du ein Schlitzohr bist! Aber den eigenen Vater und auch den eigenen Bruder so über's Ohr zu hauen . . . . Schäm' dich, Jakob!

Aber du wirst schon sehen: Unrecht gut gedeihet nicht.

Nichts wie weg!

Gleich wird dein Bruder nach Hause kommen und was dann kommt, kannst du dir ja denken. Wir auch. Eines ist klar, wenn dich dein Bruder Esau erwischt, macht er mit dir kurzen Prozeß, im Extremfall ganz kurzen, nämlich einen Kopf kürzer. Aber wir wollen den Teufel nicht an die Wand malen, das tut schon deine Mutter, die allen Ernstes fürchtet, sie könne »euch beide an einem Tag verlieren«.

Wenn du aus dem Ganzen einigermaßen heil herauskommen willst, gibt es nur eines: Nichts wie weg! Du mußt aus dem Verkehr gezogen werden und das heißt im Klartext, wie es dir soeben deine Mutter versichert, daß es nur einen Platz gibt, der einigermaßen sicher ist: Im Hause ihres Vaters in Haran. Allein, wie soll man das Isaak verkaufen?

Nun, Rebekka weiß sich auch da zu helfen, sie tut etwas, mit Hilfe dessen es vielen Frauen gelingt, ihr Ziel bei ihren Männern zu erreichen: Sie setzt bei seinem wunden Punkt an . . . :

> »Mir ist das Leben verleidet ob der Hethiterinnen; wenn Jakob auch ein solches Weib nimmt, eine von den Töchtern der Hethiter, eine Einheimische, was soll mir da das Leben?«

Das ist genau Isaaks Meinung, denn schließlich wußte er, was das bedeutete; Esau war mit zwei Hethiterinnen verheiratet und »die waren für Isaak und Rebekka ein schwerer Kummer«. Noch einmal sollte das nicht passieren.

Deshalb, Rebekka hat schon recht, ist es das Vernünftigste, daß der Junge nach Mesopotamien zieht.

Komm her, mein Junge, laß dich zum Abschied segnen!

Von uns kannst du, nach all dem, was du dir geleistet hast, nicht erwarten, daß wir dir eine gute Reise wünschen. Natürlich wünschen wir dir auch keine schlechte.

Träume sind nicht immer Schäume

Wahrscheinlich benutzte Jakob die Reiseroute seines Großvaters Abraham, denn Herr Moses notiert in seinem Logbuch, daß Jakob auch nach Bethel kam und dort übernachtete.

Die Stätte, wo er übernachtete, war nicht gerade komfortionös: Ein Stein mußte als Kopfkissen dienen, woraus die Chronisten den, wie sie meinen, nicht gerade unlogischen Schluß ziehen, daß Jakob auch ein Dickschädel – ein Dickhäuter war er ohnehin – gewesen sein muß.

Der Stein tat seiner Nachtruhe keinen Abbruch, ganz im Gegenteil, denn Jakob hatte einen beeindruckenden Traum. Ihm träumte nämlich von einer Leiter, die mit der Spitze an den Himmel rührte, und auf der Engel auf- und niederstiegen:

> »Und siehe, der Herr stand vor ihm und sprach: ›Ich bin der Herr, der Gott deines Vaters Abraham und der Gott Isaaks; das Land, auf dem du ruhst, will ich dir und deinen Nachkommen geben. Und deine Nachkommen sollen (zahlreich) werden wie der Staub der Erde . . . Siehe, ich bin mit dir und will dich behüten allenthalben, wo du hinziehst, und dich in dieses Land zurückbringen. Denn ich will dich nicht verlassen, bis daß ich getan, was ich dir verheißen habe‹«.

Als Jakob erwacht, sieht er nichts mehr, aber er fürchtet sich; und nachdem er mit sich zu Rate gegangen, tut er ein Gelübde. Wenn Gott der Herr ihn wohlbehalten wieder nach Hause zurückkehren läßt, dann will er an dieser Stelle ein Gotteshaus errichten und zum Dank für alles, was Gott ihm geben wird, den Zehnten weggeben.

Die Chronisten meinen, bis jetzt nicht allzu häufig um eine Antwort verlegen gewesen zu sein, aber jetzt sind sie es und ein wenig hilflos dazu. Es kann doch nicht angehen, daß dieser Jakob, der auf gut deutsch ein Schuft ist, noch dafür mit dem Beistand Gottes des Herrn belohnt wird. Das käme ja geradezu einer Aufforderung gleich, es ebenso zu tun. Und das kann doch nicht im Sinn Gottes des Herrn sein; dann würde statt Ordnung (die wir noch nicht einmal haben) das blanke Chaos regieren. Aber was soll denn dann das Ganze?

Die Chronisten sind verwirrt und gehen in sich. Nach einer Weile kommen sie wieder hervor mit der erstaunlichen Erkenntnis, daß es . . . die Treue Gottes zu seiner Verheißung ist, die ihn bewegt, Jakob zu unterstützen; eine Treue, die auch dann »treu« bleibt, wenn es der andere nicht immer ist, eben eine göttliche Treue, was nicht heißt, daß der, der die Treue bricht, nicht bestraft wird. Jakob zum Beispiel wird bestraft. Seine Strafe ist seine Flucht.

Das ist Ihnen zu hoch? Ehrlich gesagt, uns auch. Aber wir haben ja auch nicht gesagt, daß es unsere Maßstäbe sind . . .

Endlich am Ziel

Reisen haben es nun einmal so an sich, daß man irgendwann an's Ziel kommt. Auch bei Jakob ist dies so, auch wenn es bei ihm ein wenig schwieriger ist, denn einen Stadtplan hat er nicht bei sich, nur seinen gesunden Menschenverstand. Ein Glück nur, daß es Verkehrsbüros . . . Brunnen gibt, an denen man sich informieren und die Einheimischen, die sich dort treffen, fragen kann.

Der Brunnen, den sich Jakob ausgesucht, – und da hat er wieder einmal Glück – ist zu dieser Zeit stark frequentiert, so daß er die gewünschten Informationen bald erhält und so erfährt, daß sich Labans Haus ganz in der Nähe befindet. Wenn er es noch genauer wissen will, soll er das Mädchen fragen, das da gerade mit den Schafen ihres Vaters kommt, es ist die Tochter Labans, Rahel.

Klasse! Nichts wie hin!

Zur Begrüßung tut Jakob etwas Ungewöhnliches: Er wälzt den Stein, der auf dem Brunnen liegt, ein bleischweres Ding, das sonst nur weggeschoben wird, wenn alle Herden beisammen sind, gekonnt zur Seite und tränkt wie selbstverständlich des Mädchens Schafe, geht auf das Mädchen zu, gibt ihm einen Kuß und fängt an zu weinen (im Orient dürfen Männer weinen).

Als Rahel erfährt, wer der Fremde, da läuft sie hin wie damals ihre Tante Rebekka, bei der es auch an einem Brunnen angefangen hatte . . . und wie damals, als der Knecht im Auftrag Abrahams um Rebekka freite, läuft Laban ihm entgegen, umarmt und küßt ihn und führt ihn in sein Haus, wo Jakob ihm die ganze Geschichte erzählt.

Was soll Laban da sagen? Da kann man nur feststellen:

> »Ja, du bist von meinem Fleisch und Bein«.

Unter diesen Umständen kann Jakob selbstverständlich bleiben.

Dann mach's dir 'mal gemütlich, Jakob!

Geschieht dir recht, Junge!

Als praktisch denkender Mann denkt Laban weiter: Ewig kann der Verwandte ihm ja nicht auf der Tasche liegen, auf der anderen Seite sind dessen Taschen leer! Es kommt also darauf an, sie zu füllen. Nicht schlecht kalkuliert, was? Also:

> »Du bist ja doch mein Verwandter; solltest du mir umsonst dienen? Sag an: was soll dein Lohn sein?«

Laban hätte ihm da ein lukratives Angebot zu machen. Er ist nämlich Eigentümer zweier Töchter!

Das klingt nach einem guten Geschäft und die Wahl fällt selbstverständlich auf die bessere »Ware«, und wer das ist, ist ganz klar . . .:

»Lea hatte matte Augen, Rahel aber war schön von Gestalt und schön von Angesicht«.

Für dieses einmalige Angebot (nicht wahr, Sie finden sie auch bezaubernd?) ist Jakob bereit, tief in die Tasche zu greifen, und da dort nichts drin ist, läßt er sie sich eben eine stattliche Zahl von Arbeitsjahren »kosten«. Wie wär's mit sieben?

Geschäftsmann Laban ist einverstanden: D'accord! Außerdem:

»Es ist besser, ich gebe sie dir, als daß ich sie einem fremden Manne gebe«.

Jakob ist im siebten Himmel und so kommen ihm die Jahre »vor, wie ein paar Tage, so lieb hatte er sie«.

Als sie vorüber, bittet er noch einmal offiziell um seinen »Lohn«, die Hand Rahels, die ihr Vater ihm nicht vorenthält.

Der stolze Vater läßt es sich nicht nehmen, eine große Hochzeit auszurichten. Das ist man seinen Freunden und Verwandten schuldig, nicht wenige, nebenbei, »nur« der ganze Ort.

So kann das Fest beginnen. Alles ist auf das Beste vorbereitet, auch die Braut, die reizend aussieht in ihrem Brautkleid – wie alle Bräute. Zur Feier des Tages hat sie sich in ihren schönsten Schmuck, sofern sie welchen hat, geworfen. Steht ihr der Schleier nicht entzückend? Schade nur, daß er das Gesicht verdeckt!

Der Bräutigam sieht auch nicht übel aus, mit seinem Kranze auf dem Kopf. Erkennen Sie ihn? Er steht inmitten seiner Freunde. Nur etwas ungeduldig wirkt er, wer wird es ihm verdenken, schließlich bekommt man nicht alle Tage seinen Lohn ausgezahlt!

Da kommt sie ja endlich, die Braut, behutsam von ihrem Vater geführt, und mit jenen uralten Worten dem Bräutigam zugeführt: »Du bist ihr Verwandter und sie gehört dir«. Worauf der Bräutigam geantwortet haben mag: »Sie ist mein Weib und ich bin ihr Mann, von heute bis in Ewigkeit«.

Nun sind die beiden Mann und Frau und das Feiern kann losgehen. Schnell noch die letzten Tränchen, wenn's auch Freudentränen sind, weggewischt, rasch noch das Make-up erneuert und dann nichts wie hinein in den festlichen Trubel.

Der gute Laban hat sich wirklich angestrengt, Kosten und Mühen hat er nicht gescheut. Hhm, was es da nicht alles an Delikatessen gibt! Obwohl die Chronisten nicht dabei waren, sagt ihnen ihre immer noch vorhandene Feinschmeckerantenne, daß Lämmer, Schafe, Ziegen, Kälber, Kuchen, Brot, Früchte und natürlich Wein (in entsprechenden Mengen) bestimmt nicht auf der Festtafel gefehlt haben. Aus diesen Angaben (nicht gerade wenig, oder?) hat der verehrte Leser sicherlich schon den Schluß gezogen, daß für morgen noch Reste übrig bleiben. Völlig richtig, geschätzter Leser, es

sollten auch welche übrig bleiben, so viel, um die Gäste sieben Tage zu versorgen, so lange, wie Hochzeitsfeierlichkeiten dauerten.

Eine kostspielige Angelegenheit, nicht wahr? Selbst für uns, die wir bestimmt keine Spielverderber sind und uns das Vergnügen einiges kosten lassen. Aber für eine Hochzeit?

Jetzt halten wir Sie aber nicht länger vom Tanz ab. Hören Sie die Musik auf Harfen und Tonpauken? Meine Herren, nicht so bequem, die Damen wollen geschwenkt werden! Na, sehen Sie, jetzt strahlen sie. Herrlich, so eine Hochzeit, finden Sie nicht?

Was ist los, warum hören Sie auf einmal auf zu tanzen? Ach so, das meinen Sie, daß der Brautvater mit der Braut jetzt das Zelt verläßt und sie zu einem anderen führt . . . wo jemand anders nicht ohne Anzeichen von Ungeduld wartet . . . selbstverständlich kann sich das Ganze auch im Haus abgespielt haben.

In der Hoffnung, verehrter Hochzeitsgast, daß wir auch Ihren Wünschen entsprechen, wenn wir die beiden jetzt allein lassen und uns auf französisch verdrücken, ziehen wir uns, nicht ohne einen letzten schmunzelnden Blick hineinzuwerfen, zurück.

Erwartungsvoll stehen die Chronisten am nächsten Morgen auf der Matte. Und während sie dastehen und warten und vielleicht auch ein bißchen träumen, stürmt plötzlich der frischgebackene Ehemann aus dem Zelt: Das ist ja unerhört, statt Rahel hat man ihm die farblose Lea untergejubelt. Das ist doch, ja . . . Betrug ist das doch!

Es liegt uns völlig fern, lieber Jakob, uns in Schadenfreude zu baden, obwohl ein bißchen . . . und dir etwa mit hocherhobenem Zeigefinger tiefsinnige Vorhaltungen zu machen, wie, daß sich im Leben alles rächt, oder, daß der, der betrügt, am Ende selbst betrogen wird, nein, lieber Jakob, das sei ferne, deshalb halten wir uns auch ganz schlicht an das Naheliegende, und rufen nur ganz einfach, dafür aber um soviel mehr mit Pathos: Geschieht dir recht, Junge!

Doch laß den Kopf nicht hängen!Du kriegst auch noch dein Recht, die Rahel, die Laban dir als Ehrenmann (für einen anständigen Preis; man muß schließlich auch an's Geschäft denken) nicht vorenthält. Recht muß schließlich sein, wie es Rechtens, daß man die ältere vor der jüngeren »weggebe«.

Für »die jüngere«, die süße Rahel ist Jakob kein Preis zu hoch und so beißt er denn in den sauren Apfel von weiteren sieben Jahren; zumal ihm der Genuß – ein Entgegenkommen Labans – schon nach sieben Tagen winkt.

Kinder! Kinder!

Arme Lea! An dich hat bis jetzt niemand gedacht, aber das tun wir jetzt, mach' dir keine Sorgen. Unter uns, gar nicht so einfach, das arme Geschöpf zu trösten und . . . angenehm auch nicht! Was meinen Sie? Muß man sich dem eigentlich unterziehen?

Anscheinend, so stellen die Chronisten nach eifriger Bibellektüre fest, ja. Also, dann können wir's auch nicht ändern.

Lea, wo bist du, wir wollen dich trösten! Sicher Lea, dein Mann liebt dich nicht und schön bist du auch nicht. Toll, wie wir das machen, nicht? Vor allen Dingen so taktvoll. Daran können Sie sich ein Beispiel nehmen; aber, und jetzt hör' zu, Lea, und sieh am besten weg, jetzt wird's nämlich ernst mit dem Trösten: Das ist noch lange kein Grund, die Flinte in's Korn zu werfen. Du kannst schließlich nicht dafür, also wird schon jemand anders dafür sorgen, um es mächtig hochtrabend zu sagen, daß dir Gerechtigkeit widerfährt.

Wie er das machen wird?

Darüber brauchst du dir keine Gedanken zu machen, Lea, Hauptsache: Er wird. Wenn du es genau wissen willst, lies bei Herrn Moses nach, da steht es, schwarz auf weiß:

> »Als aber der Herr sah, daß Lea zurückgesetzt war, machte er sie fruchtbar, während Rahel unfruchtbar blieb«.

Jetzt kannst du happy sein, jetzt hast du etwas, was deine Schwester nicht hat.

Und das ist Lea auch. Sie ward nämlich schwanger »und gebar einen Sohn, den nannte sie Ruben. Denn Gott der Herr hat mein E l e n d g e s e h e n« [1]. Nun, so denkt sie, »wird mich mein Mann lieb haben«. Und als sie gar einen zweiten Sohn bekommt, ist es Lea ziemlich klar, daß der Herr es g e h ö r t hat, daß sie zurückgesetzt ist und nennt ihn deshalb Simeon. Und beim dritten Sohn ist sie völlig sicher: Nun endlich wird mein Mann mir a n h ä n g l i c h sein, darum soll er Levi heißen. Aller guten Dinge sind drei, in diesem Falle vier, denn Lea bekommt noch einen vierten Sohn. Da bleibt ihr nur noch eins: Den Herrn zu p r e i s e n , daher der Name Juda.

Rahel verfolgt diesen Kindersegen natürlich mit Argusaugen. Was sollte sie mit ihrer Schönheit anfangen, wenn ihr das Tüpfelchen auf dem I dazu fehlte:

»Schaffe mir Kinder,« so maulte sie nervös, »wo nicht, so sterbe ich.«

Das waren eindeutige Worte, die den dazugehörigen Ehemann ärgerten: »Bin ich denn an Gottes Statt,« konterte Jakob wütend zurück, »der dir die Leibesfrucht versagt?«

1 Im gesperrt gedruckten Wort kommt der Anklang an den hebräischen Namen heraus.

Da hatte er recht. Gott der Herr war er nun wirklich nicht. Aber, que faire? To be or not to be, that was the question: Kinder mußten her, koste es, was es wolle. (Sie sehen, es ging wirklich um Sein oder Nichtsein), sonst würde sie ihn endgültig an diese Lea, an diese gebärfreudige Schwester, verlieren.

Wie war das eigentlich gewesen? War die Großmutter ihres Mannes, Sarai, nicht in einer ähnlichen Situation gewesen? Was hatte sie damals gemacht? Ach ja, sie hatte Abraham ihre Magd gegeben. Nun, eine Magd hatte sie auch, der Vater hatte sie ihr mit in die Ehe gegeben, an der Magd sollte es nicht scheitern:

> »Da hast du meine Magd Bilha; wohne ihr bei; damit sie auf meinem Schoß gebäre und durch sie auch ich zu Kindern komme«.

Eine unmißverständliche Sprache, finden Sie nicht? Natürlich – und da verraten wir dem verehrten Leser sicher nichts überdimensional Überraschendes – macht Jakob von dem Angebot regen Gebrauch, so regen, daß es bald einen erneuten Kindersegen regnet. Diesmal sind es Dan, weil Gott auch Rahel Recht verschafft hat und Naphthali, denn schließlich hat es manchen Kampf gegeben.

Was Rahel, pardon, was Bilha kann, kann Lea auch, und zwar schon lange.

Wäre doch gelacht, hier hast du meine treue Silpa, die erst den Gad Glückauf und Asser, die Töchter des Volkes werden mich glücklich preisen, gebärt.

Und wenn Sie meinen, geschätzter Leser, Sie wären jetzt erlöst, nein, erst gibt's noch eine Portion Liebesäpfel . . . für Lea von ihrem Ältesten überreicht – sehr zum Leidwesen Rahels – und der »Ertrag« kann sich wie immer sehen lassen: Issaschar, Gott hat mir's gelohnt, daß ich meinem Manne meine Magd gegeben, Sebulon, Gott hat mir eine reiche Gabe gegeben, nun endlich wird mein Mann bei mir Wohnung nehmen . . . und zu guter letzt noch, ja, da staunen Sie, eine Tochter, schlicht Dina genannt.

Das kann Rahel nimmer einholen. Aber, damit's nicht gar so traurig wird, gedenkt Gott der Herr auch noch der Rahel (da sage einer, es ginge nicht gerecht zu), und so bekommt Rahel auch noch einen Sohn : Josef, der Herr wolle mir noch einen Sohn dazugeben !

Tja, verehrter Leser, das waren noch Zeiten, da man nur diese Sorgen hatte. Heute hat man zwar nicht mehr diese, aber dafür andere.

PS: Falls Sie beim Zählen nicht mitgekommen sein sollten, bis jetzt sind es 11 Söhne und 1 Tochter, die Tochter brauchten wir eigentlich nicht zu zählen, da sie ja nicht zählt, wenn wir es doch tun, dann ganz einfach aus . . . Anachronismus.

Köpfchen, Köpfchen!

Wie man sieht – und wir erlauben uns, hinzusehen – hat es Jakob zu etwas gebracht: Vor allen Dingen zu Kindern, womit der Grundstein zum Reichtum gelegt war; denn Kinder, das war nun 'mal der erste Schritt zum Reichtum und der zweite sofort dazu, denn billigere und engagiertere Arbeitskräfte gab es damals nicht.

Jakob ist über diese stattliche Anzahl mehr als zufrieden, das heißt, er hätte es sein können, wenn nicht sein Schwiegervater in finanzieller Hinsicht derart den Daumen drauf gehalten hätte.

Irgendwann begann der Daumen Jakob zu stören und im gleichen Verhältnis die Sehnsucht nach seiner Heimat zu wachsen, bis sie so stark wurde, daß Jakob kurzentschlossen, obwohl sicherlich lange bei sich beschlossen, Laban die »Kündigung« einreicht, was ein Chef bei einem guten Mitarbeiter nicht ohne Bedauern konstatiert.

Aber wenn es denn der ausdrückliche Wunsch ist . . .

Er ist es.

Ja, dann bleibt nur noch eine abschließende »Lohnrunde«, in der es auch um »Gratifikationen« geht. Aber – und jetzt fallen Sie sicher vom Stuhl – Jakob verlangt gar keinen besonderen Lohn:

> »Wenn du mir tun willst, was ich nun sage, so will ich wieder deine Schafe weiden und hüten: ich will heute durch deine ganze Herde gehen; daraus magst du alle schwarzen Tiere unter den Lämmern, und was unter den Ziegen gefleckt und gesprenkelt ist, absondern – die sollen mein Lohn sein«.

Das gibt's doch nicht, Jakob! Das machst du uns doch nicht weis, gerade du nicht, daß du dich mit den gesprenkelten und gefleckten Tieren zufrieden gibst! Da steckt doch noch etwas dahinter. Wir kennen doch Jakob, den Filou! Laß' sehen, was hast du denn jetzt wieder ausgeheckt?

Herr Moses war so frei, es für dich auszuplaudern:

> ». . . darin wird meine Rechtschaffenheit an einem künftigen Tage für mich zeugen: wenn du kommst, meinen Lohn zu besehen, so soll alles, was unter den Ziegen nicht gesprenkelt oder gefleckt und unter den Lämmern nicht schwarz ist, als von mir gestohlen gelten«.

Laban läßt sich darauf ein. Und »Jakob aber weidete die übrige Herde Labans«.

Eine ziemlich langweilige Geschichte, nicht wahr? Herr Moses, könnten Sie sich nicht ein bißchen beeilen, wir haben nämlich noch etwas anderes vor!

> »Nun nahm Jakob frische Ruten von Weißpappeln, Mandelbäumen und Platanen und schälte daran weiße Streifen aus, sodaß das Weiße an den Ruten bloßgelegt wurde; dann stellte er die Ruten, die er geschält hatte, in die Tröge, in die Tränkrinnen, wohin die Herden zum Trinken kamen, vor die Tiere hin, und die Tiere begatteten sich, wenn sie zur Tränke kamen. So begatteten sich die Tiere

vor den Ruten und warfen dann Gestreifte, Gesprenkelte und Gefleckte. Die Lämmer aber schied Jakob aus. Und er kehrte das Gesicht der Tiere gegen die Gestreiften und Schwarzen in der Herde Labans«.

Verstehen Sie das? Wir nicht. Herr Moses, sagen Sie doch 'mal was dazu:

»So machte er sich eigne Herden; die tat er nicht zu den Tieren Labans. Sooft die starken Tiere brünstig waren, stellte Jakob die Ruten in die Tränkrinnen vor die Augen der Tiere, so daß sie sich vor den Ruten begatteten; wenn aber die Tiere schwächlich waren, stellte er sie nicht hin. So fielen Laban die schwächlichen Tiere zu, Jakob aber die starken. Daher ward der Mann über die Maßen reich, so daß er viel Vieh, Mägde und Knechte, Kamele und Esel hatte«.

Das ist doch nicht zu fassen! Man sollte meinen, du hättest endlich einmal die Nase von krummen Sachen voll, bist ja auch schon oft genug auf das verehrte Körperteil gefallen! Es würde uns interessieren, was du diesmal zu deiner Rechtfertigung vorzubringen hast. Komm, folge uns in's nächste Kapitel, da hast du Gelegenheit dazu!

Scheiden tut nicht immer weh

Hast du eigentlich im Traum daran gedacht, was passiert, wenn Laban dir auf die Schliche kommt? Dann kannst du aber einpacken!

Wir sollen uns nicht über dich lustig machen? Du hast wirklich im Traum daran gedacht, weil du nämlich einen gehabt hast, in dem dir etwas von Packen gesagt wurde?

Entschuldigung, das konnten wir ja nicht wissen, wir sind schließlich keine Traumabonnenten, wie ihr; wir sind froh, wenn wir schlafen können und unsere Ruhe haben. Außerdem – und an dieser Stelle haben wir uns wieder völlig gefangen und sind in der Lage, den Spieß umzudrehen – befriedigen uns deine »Träumereien« keineswegs. Traum hin, Traum her, Betrug bleibt Betrug, das haben wir jedenfalls nicht geträumt und dafür bist du uns eine Erklärung schuldig. So leicht kommst du uns nicht davon, auch wenn du zehnmal soviel Träume hast.

Wir sollen nicht so neugierig sein, wir würden des Pudels Kern schon früh genug erfahren?

So hat bis jetzt noch niemand mit uns gesprochen! Selbst Herr Abraham nicht, obwohl wir mit ihm auch manches Hühnchen (wir wollen nicht lügen: Im Gegensatz zu dir war es nur <u>ein</u> Hühnchen: Die Geschichte mit Sara in Ägypten) zu rupfen hatten. Aber bitte, wenn das so ist, ziehen wir uns . . . in den Text zurück. Herr Moses ist uns schon lange sympathischer als du.

Mit Schadenfreude (du siehst, wir können auch anders) stellen wir fest, daß unsere Befürchtungen dabei sind, sich zu bewahrheiten. Laban ist hinter deine Manöver gekommen und du weißt vielleicht noch von deinem Vater, daß Manöver Kriegshandlungen provozieren können. Da heißt's vorzeitig die Flucht ergreifen und sehen, daß man sich aus dem Staube macht, bevor der Schwiegervater die Fußspuren erkennt. Deine Rahel leistet sich ja auch wieder ein Paradestück, stiehlt doch das Frauenzimmer einfach den Hausgott ihres Vaters (man weiß ja nie . . .), den niedlichen Teraphim. Saubere Familie, kann man da nur sagen!

Dieser Meinung ist auch Laban, der es sich nicht nehmen läßt, euch persönlich zu verfolgen und euch Schlickenfänger im Gebirge Gilead zu erwischen. Bei dem Donnerwetter, das euch jetzt erwartet, wollen wir lieber nicht dabei sein. Wenn wir es dennoch tun, dann aus . . . christlicher Nächstenliebe (da staunt ihr!), um gegebenenfalls erste Hilfe zu leisten.

Gar nicht nötig? Das Ganze geht aus wie das Hornberger Schießen? Wieso denn das? Wir hatten uns so auf eine anständige Rauferei (der letzte Streit ist immerhin schon ein paar Seiten her) gefreut.Das ganze Kommando wird abgeblasen, wieder wegen eines Traumes? Also, wenn das so weitergeht, fangen auch wir noch an zu träumen.Vor allem davon, daß dieses Träumen bald ein Ende hat. In Gottes Namen, wie sah der Traum denn aus?

». . . Gott kam des Nachts im Traume zu dem Syrer Laban und sprach zu ihm: ›Hüte dich, Jakob mit irgendeinem Wort zur Rede zu stellen‹!«

Was sollen wir dazu sagen? Wo Gott der Herr spricht, hat der Chronist sein Recht verloren! Das braucht uns keiner zu sagen, das wissen wir auch so, genauso – und das hat ausnahmsweise mit träumen gar nichts zu tun – daß Laban es denn doch nicht so ganz lassen kann . . . Wenn er auch den großen Eklat vermeidet, dafür ist Laban zu klug.

Aber nach dem Teraphim wird man ja noch fragen dürfen, oder? Sag, »warum hast du meinen Gott gestohlen?« Weißt du nicht, daß an dem hübschen Kerl mein Herz hing? Bei allem Verständnis, Schwiegersohn, aber dafür habe ich kein Verständnis.

Ätsch, Jakob, das schadet dir nichts! Ausnahmsweise hast du 'mal nicht gestohlen, verzeih, betrogen, aber dafür war's deine liebe Gattin, so bleibt's – ein Trost für dich – in der Familie. Gerade, die am besten den Mund hielten, nehmen ihn am vollsten, womit wir nicht gesagt haben, verehrter Jakob, daß du in diesem Fall den Mund halten sollst, was du auch nicht tust, wie man sieht (den Mund hast du dir ja auch noch nie verbieten lassen; schon gut, wir halten unseren Mund):

». . . bei dem du deinen Gott findest, der soll nicht am Leben bleiben! Vor unseren Verwandten untersuche, was ich bei mir habe, und nimm ihn an dich«.

Und wenn du gewußt hättest, daß deine liebe Gattin den Gott stibitzt hat, ob du dann anders reagiert hättest? Selbstverständlich führen derlei Betrachtungen zu nichts, geschweige denn, daß sie Laban weiterführen; der guckt sich nur weiter die Augen aus dem Kopf, ohne zu ahnen, daß der Delinquent ganz in der Nähe plus dazugehörigem corpus delicti.

»Rahel aber hatte den Teraphim genommen, ihn in den Kamelsattel gelegt und sich darauf gesetzt«.

Raffiniertes Weibsstück, nicht? Perfekte Schülerin aus der Schule Evas!

Jetzt reißt Jakob langsam, aber unaufhaltsam der Geduldsfaden. Hör mir 'mal gut zu, lieber Schwiegervater:

»Seit 20 Jahren bin ich jetzt bei dir; deine Schafe und Ziegen haben nicht fehlgeworfen, und die Widder deiner Herde habe ich nicht gegessen. Was von wilden Tieren zerrissen war, durfte ich dir nicht bringen; ich selber mußte es ersetzen, von meiner Hand fordertest du es, ob es am Tage geraubt war oder in der Nacht. Am Tage verzehrte mich die Hitze und des Nachts der Frost, und der Schlaf floh meine Augen«.

Und damit eines einmal ganz klar ist:

»20 Jahre habe ich dir jetzt in deinem Hause gedient, 14 Jahre um deine beiden Töchter und 6 Jahre um deine Herde, und du hast mir den Lohn zehnmal verändert«.

Und damit du's weißt:

»Wenn nicht der Gott meines Vaters, der Gott Abrahams und der Gefürchtete Isaaks, für mich gewesen wäre, du hättest mich jetzt mit leeren Händen ziehen lassen; mein Elend und die Arbeit meiner Hände hat Gott gesehen, und er hat heute nacht Recht gesprochen«.

So, jetzt bist du dran, teurer Schwiegervater!

Entschuldige Jakob, wenn wir uns aufdrängen, es ist nur: Du hast vorhin etwas vom Apfel- entschuldige- Pudels-Kern gesagt. Wir glauben, wir haben ihn jetzt gefunden. Du selber warst so nett, ihn uns zu präsentieren: Die Geschichte mit den Tieren war also gar nicht deine Idee, sondern die Idee deines obersten Kriegsherrn. Das konnten wir natürlich nicht wissen. Wenn das so ist . . . wir waren wohl wieder einmal zu voreilig.

Wir können uns des Eindrucks nicht erwehren, daß du es jetzt am liebsten sähest, wenn wir verschwinden würden. Oh, diesen Wunsch erfüllen wir dir äußerst gerne. Wir hätten uns jetzt ohnehin lang und breit bei dir entschuldigen müssen, daß wir dir – ausnahmsweise – einmal Unrecht getan und das liegt uns nicht. Also dann, versöhnt euch 'mal schön mit Laban und feiert schön Abschied von ihm. Wir sehen uns später wieder. Tschüs!

Entspannungsbemühungen

Nach vollzogener Versöhnung kann die Heimreise ja weitergehen. Man hat den Eindruck, die Leutchen sind die halbe Zeit ihres Lebens unterwegs. Können Sie sich noch vorstellen, wie das war, als man friedlich abgeschirmt unter einem Zedernbaum im Garten Eden saß und mit Frau Sonne flirtete?

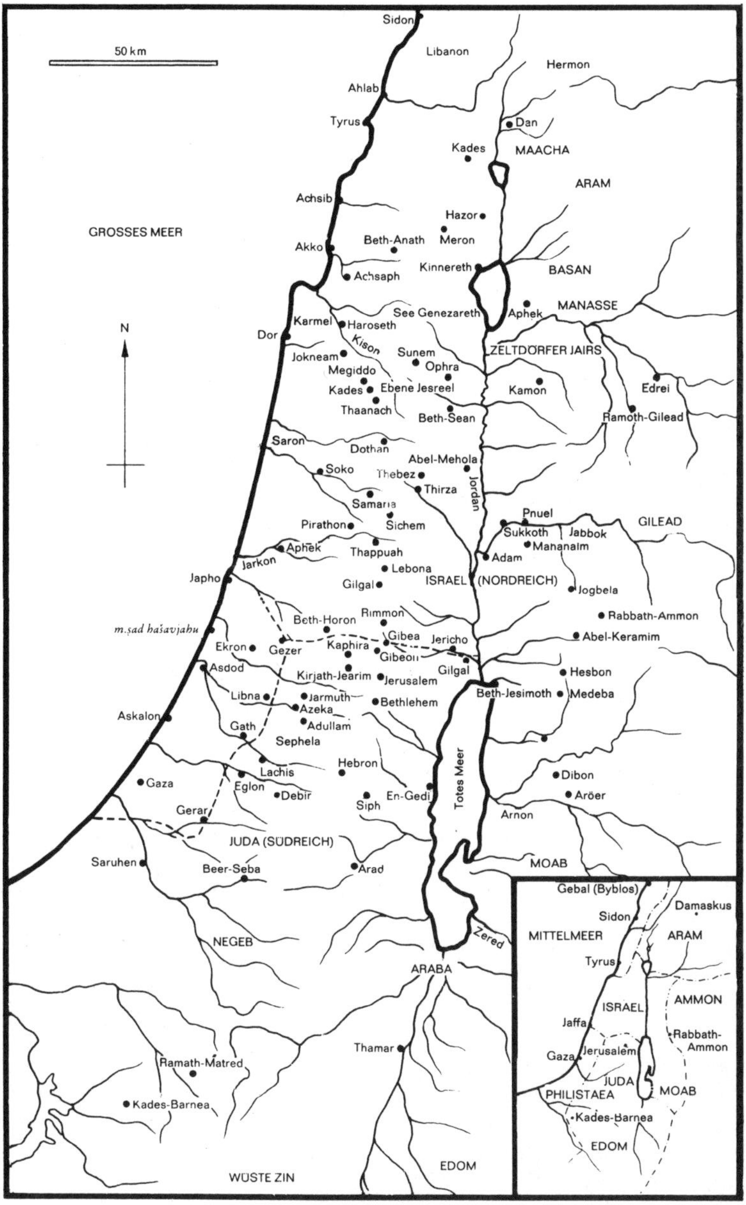
50 km
N
GROSSES MEER
Sidon
Libanon
Hermon
Ahlab
Tyrus
Dan
Kades
MAACHA
ARAM
Achsib
Hazor
Meron
Beth-Anath
Akko
Kinnereth
BASAN
Achsaph
See Genezareth
Aphek
MANASSE
Karmel
Haroseth
Dor
Kison
Jokneam
Sunem
ZELTDÖRFER JAIRS
Ophra
Megiddo
Kades
Ebene Jesreel
Kamon
Edrei
Thaanach
Beth-Sean
Ramoth-Gilead
Saron
Dothan
Abel-Mehola
Soko
Thebez
Thirza
Jordan
Samaria
Pirathon
Sichem
Pnuel
Sukkoth
Jabbok
GILEAD
Aphek
Mahanaim
Thappuah
Jarkon
Adam
Lebona
Japho
Gilgal
ISRAEL (NORDREICH)
Jogbela
Rimmon
Beth-Horon
Rabbath-Ammon
m.ṣad hašavjahu
Gibea
Jericho
Abel-Keramim
Ekron
Gezer
Kaphira
Gibeon
Gilgal
Asdod
Kirjath-Jearim
Jerusalem
Hesbon
Libna
Jarmuth
Bethlehem
Beth-Jesimoth
Medeba
Azeka
Askalon
Adullam
Gath
Sephela
Hebron
Lachis
Totes Meer
Dibon
Gaza
Eglon
Debir
Siph
En-Gedi
Aröer
Gerar
Arnon
JUDA (SÜDREICH)
MOAB
Saruhen
Arad
Beer-Seba
NEGEB
Zered
ARABA
Thamar
Ramath-Matred
Kades-Barnea
EDOM
WÜSTE ZIN
Gebal (Byblos)
Damaskus
Sidon
MITTELMEER
ARAM
Tyrus
AMMON
ISRAEL
Jaffa
Rabbath-Ammon
Gaza
Jerusalem
JUDA
MOAB
PHILISTAEA
Kades-Barnea
EDOM

Wir nicht, wir haben gar keine Zeit zum Flirten, weil wir ständig mit den Nachfahren Adams auf Achse sind. Zum Glück gibt es hin und wieder noch Tuchfühlung mit den paradiesischen Zeiten, zum Beispiel, wenn einem Engel über den Weg laufen, so wie jetzt Jakob.

Sagen Sie, verehrter Leser, warum auf einmal ein solch interessiertes Gesicht? Soll das etwa heißen, daß Sie ebenfalls an solchen »Kontakten« interessiert sind? Nun, Ihnen kann geholfen werden.

Fahren Sie nach »Mahanaim«, zum »Heerlager Gottes« (der klangvolle Name stammt von Tourist Jakob). Möglicherweise läuft Ihnen auch ein solch höheres Wesen über den Weg. Eine Garantie dafür können wir allerdings leider nicht übernehmen: Engel sind nämlich unberechenbar.

Unverbesserlichen Optimisten stellen wir jedoch mit einem Anflug von Großzügigkeit eine Karte zur Verfügung.

Die Karte datiert aus einer späteren Zeit.

Cornfeld/Botterweck; s. Anhang

Wir hoffen, Sie finden sich einigermaßen zurecht, falls nicht, leiten wir Reklamationen mit Vergnügen an Jakob weiter.

Wenn wir die Karte richtig studiert haben, dann kommst du ja bald in die Gefilde Edoms, verehrter Jakob, wo dein liebes Bruderherz wohnt. Da heißt es: Holzauge sei wachsam! Wenn der das spitzkriegt . . . besser, wir malen es uns nicht aus . . .

Was hast du dir denn für eine Strategie überlegt? Auf keinen Fall raten wir dir zu einer offenen. Am besten, du schickst ein paar geeignete Leute vor, um die Lage erst einmal zu sondieren.

Leider, die Chronisten haben es soeben von Jakobs Boten erfahren, scheint es nicht rosig auszusehen, denn Esau hat 400 Mann zusammengetrommelt, um Jakob entgegenzuziehen.

»Que faire«? Kann man da nur noch der Verzweiflung nahe ausrufen!

Jakob, clever wie er ist, hat natürlich auch für diesen Fall einen Plan in der Tasche. Falls einer unter den geschätzten Lesern Soldat sein sollte, hier kann er möglicherweise etwas lernen: Das bestehende Lager wird in zwei Hälften geteilt, dadurch wird die Möglichkeit geschaffen, daß zumindest ein Teil, da der andere durch Kampf gebunden ist, durchkommt. Aber um ganz auf Nummer sicher zu gehen, empfiehlt es sich, sich einen starken Verbündeten zu beschaffen. Und da gibt es nur einen, der in Frage kommt.

Zu diesem Zweck entsendet Jakob eine entsprechende Bitte um Beistand in die Richtung, aus der er sich Hilfe erhofft. Ob die Hilfe eintrifft? Sicher, wenn die Richtung stimmt.

Wer am nächsten Morgen früh auf den Beinen ist, sieht einen merkwürdigen Zug sich formieren in Richtung Edom, bestehend aus »200 Ziegen und 20 Böcken, 200 Schafen und 20 Widdern, 30 säugenden Kamelen mit ihren Füllen, 40 Kühen und 10 Stieren, 20 Eselinnen mit 10 Füllen«.

Aha, das ist also deine Taktik: Statt Spannung, Entspannung! Keine schlechte Strategie, Junge!

Ob es etwas nützt, wird man sehen.

Die Chronisten könnten zwar dazu noch manch Spannendes aus dem Nähkörbchen des 20. Jahrhunderts nach Christus zaubern, allein, um den Faden nicht zu verlieren, fädeln sie lieber . . . das nächste Kapitel ein.

Salut!

Und wen erblicken sie durch das Nadelöhr? Esau, gefolgt von seinen 400 Mann.

Leute Jakobs, jetzt wird's ernst! Schnell die Kinder auf die Frauen verteilt, die Mägde mit den Kindern voran, dahinter Lea mit ihren Kindern und zum Schluß die Rahel mit Josef. Frauen und Kinder stimmen selbst den hartgesottensten Eroberer weich.

Jakob selbst bildet die Spitze. Feige ist er nicht!

Wie Esau sich wohl verhalten wird? Bloß nicht daran denken, lieber freundlich lächeln.

Da kommt er schon, jetzt heißt es Haltung bewahren!

In der Tat ist Esau nähergekommen, und wenn es keine Fata Morgana ist, läuft er sogar. Das kann doch nur bedeuten, daß er ihn – wann sonst läuft der Orientale schon – umarmen und küssen, mit anderen Worten, ihm verzeihen will. Ach, ist das rührend! Wo ist denn nur unser Taschentuch? Das ging uns wohl bei Sodom und Gomorrha verloren.

Jetzt weinen die beiden auch noch, vor lauter Freude.

Wie geht's dir denn, lieber Jakob? Und wer sind diese Frauen und Kinder da? So, so, es sind die Kinder, die Gott dir beschert hat. Aber lieber Bruder, sag', was sollen denn die Herden, denen ich unterwegs begegnet bin? Damit willst du mich versöhnen? Laß' gut sein, Jakob, ich brauche deine Herden nicht, ich bin reich genug. Ja, ja, schon gut, wenn du es unbedingt willst, dann nehme ich dein Geschenk an. Aber nun laß' uns hier nicht länger im Freien stehen. Komm, laß' uns nach Hause reiten.Der Einfachheit halber reite ich vor.

So schnell schießen die Preußen nicht, lieber Bruder, ich muß Rücksicht auf die Kinder und die säugenden Schafe und Rinder nehmen. Deshalb mein Vorschlag:

> »Mein Herr ziehe doch seinem Knechte voraus«.

Wie du willst, ich lasse dir aber ein paar meiner Leute hier.

Nicht nötig, Hauptsache:

> »Möge ich nur Gnade finden vor meinem Herrn«.

Jakob, alles was recht ist, deine Strategie ist voll aufgegangen. Woran man wieder einmal sieht, daß gekonnte Diplomatie Kriege verhindert. Ob wohl der Umkehrschluß zulässig ist, daß dort, wo Kriege stattfinden, die Diplomatie . . . na ja . . .??

Wie die Dinge stehen, brauchst du dich jetzt nicht über Gebühr zu beeilen. Du kannst dir ruhig in Sukkoth, wie der Name schon sagt, »Hütten bauen«. Und von hier bis nach Sichem ist es dann nur noch ein Katzensprung.

Was, du kaufst hier sogar ein Grundstück? Wieso? Willst du etwa hier für länger bleiben? Ach so, du willst hier einen Altar errichten, als Dankeschön. Dankeschön!

So geht's ja auch nicht!

Aus Kindern werden Leute! Wenn man deine Tochter Dina sieht, Jakob! Vor ein paar Jahren lag sie noch in der Wiege und jetzt ist sie bereits ein flotter Teenager. Wir würden euch raten, ein Auge auf sie zu werfen. Ihr wißt ja, es ist schwieriger, einen Sack Flöhe als ein junges Mädchen zu hüten, vor allen Dingen, wenn das Mädchen so hübsch ist wie Dina.

Das letztere findet auch Sichem, der Sohn des Landesfürsten Hemor. Da, es ist uns peinlich, aber es ist nun einmal so:

»Ergriff er sie und wohnte ihr bei und tat ihr so Gewalt an«.

Was nützt es da noch, daß er das Mädchen lieb hat, ihr freundlich zuredet und seinen Vater aktiviert, um die Hand Dinas zu bitten? Damit macht er den Schaden auch nicht wieder gut.

Dieser Meinung sind auch die Brüder der Schwester, die vor Wut schäumen. Und daran ändert auch die Bitte Hemors nichts, ihm das Mädchen zur Schwiegertochter zu geben; geschweige die Bemühungen Sichems, dem für das Mädchen kein Preis zu hoch ist.

Allerdings, wenn er bereit ist, den Preis . . . der Beschneidung zu zahlen, dann wollen die Brüder ausnahmsweise einmal Gnade vor Recht ergehen lassen!

Aber auch das nur, wenn der ganze Ort dazu bereit ist.

Man ist. So weit, so gut bzw. ab jetzt, so schlecht. Denn, können Sie sich vorstellen, was jetzt passiert? Wahrscheinlich nicht, denn so etwas gibt's nur . . . Entschuldigung, wenn wir das sagen müssen, gibt's nur . . . in der Bibel: »Am dritten Tage aber, als es sie schmerzte«, dringen Simeon und Levi, so heißen die Brüder, in die Stadt und . . . schauen Sie weg, das ist jetzt kein angenehmer Anblick, metzeln alles nieder, was ihnen in den Weg kommt: Frauen und Kinder, alles was männlich, auch Hemor und Sichem, selbst vor Kranken machen sie nicht halt. Und alles, was nicht niet- und nagelfest, wie Habe und Herde, wird einkassiert und fortgeschleppt, die Schwester eingeschlossen.

So geht's ja auch nicht!

Gewiß ist euch und eurer Schwester ein großes Unrecht geschehen. Der Gedanke an Vergeltung ist da nur verständlich. Aber, deshalb muß es ja nicht gleich Blutrache sein! Hat Blutvergießen jemals ein Unrecht wieder gutgemacht? Nur neues Blutvergießen war die Folge, mit dem Erfolg, daß Blutvergießen nicht aus der Mode kommt. Dabei hätten wir so gerne einmal eine andere Mode.

Blut hin, Blut her, jetzt aber Schluß mit diesen blutrünstigen, wenn auch blutvollen Geschichten, sonst sieht man vor lauter Blut . . . die Bibel nicht mehr.

Wenn Sie erlauben, lieber Leser, waschen wir uns erst einmal die Hände. Bis dann!

Wieder daheim

Sie fühlen sich trotz gewaschener Hände nicht ganz wohl? Sie verspüren das Bedürfnis nach Luftveränderung? Da geht's Ihnen wie Jakob, der auch lieber heute als morgen seine Zelte abbrechen würde. Jetzt hat nämlich er Angst vor Vergeltung.

Das kommt davon, wenn man eine so wilde Bagage von Söhnen mit einem so hochgestochenen Ehrenkodex hat (»soll er unsere Schwester wie eine Dirne behandeln dürfen?«). Er, Jakob, muß womöglich die Suppe auslöffeln.

Quelle famille! Armer Jakob, dir bleibt aber auch nichts erspart. Aber wo Leid – das haben wir irgendwo einmal gelesen – soll es auch Mit-Leid geben. Wir können allerdings mit diesem Begriff nur wenig anfangen, begegnen wir ihm doch so gut wie gar nicht. Bei dir scheint das allerdings anders zu sein.

Du bekommst nämlich klare Anweisungen von oben. In Ruhe ziehst du daher befehlsgemäß nach Bethel.

Hier müssen die Chronisten einmal einem Gefühl freien Lauf lassen, das zwar nicht edel, dafür aber intensiv ist: Selbstmitleid. Euch reicht man bei jeder Gelegenheit hilfreich die Hand, uns noch nicht einmal den kleinen Finger! Geschweige denn einen Fingerzeig!

Kommt uns bloß nicht mit euren besseren Beziehungen! Es wird doch auch wohl noch ohne gehen!

Ihr schüttelt den Kopf? Ihr bleibt dabei?

Wenn wir einmal nicht wissen, was mit unserer Zeit anzufangen, werden vielleicht auch wir einmal darüber nachdenken.

Nach Bethel zieht ihr also? Dort, wo du einen Altar errichten sollst? Dann schafft 'mal erst die fremden Götter weg! Auch den niedlichen Teraphim, Rahel, auch die Ohrringe! Unter die nächste Terebinthe damit! Und wascht euch 'mal anständig und zieht frische Sachen an! Noch nie etwas von Hygiene gehört?

Vor irgendwelchen Verfolgern braucht ihr keine Angst zu haben: Der »Schrecken Gottes« wird über sie kommen.

Preisfrage: Was tut Jakob in Bethel als erstes? Einen Altar baut er, natürlich. Und was ist die Folge? Eine Verheißung, natürlich.

Nebenbei, falls es Sie interessiert, seit neuestem heißt Jakob »Israel«, »Gottesstreiter«, nach einem nächtlichen Kampf, in dem er mit einem Mann, der, wie sich hinterher herausstellt, niemand anders als Gott selber war, kämpfte.

Nach einem angemessenen Dankopfer, in diesem Falle ein Trankopfer, geht's weiter der Heimat entgegen.

Für Rahel sind diese Anstrengungen wohl etwas zuviel gewesen. Sie stirbt unterwegs an den Strapazen, zwar nicht der Reise, aber der Geburt. Ja, Sie haben richtig gehört, die unfruchtbare Rahel ist unverhofft wieder einmal fruchtbar geworden. Ben-oni, »Sohn meines Schmerzens«, lautet der beziehungsreiche Name ihres Zweiten, den der stolze Vater in Ben-Jamin, »Sohn des Glücks«, umtauft. Womit nun endlich die zwölf Söhne und damit zwölf Stämme Israels komplett wären.

Begraben wird die gute Rahel, na, so gut war sie auch wieder nicht, am Wege nach Ephrath, was dem verehrten Leser sicher nicht unbekannt ist, denn das ist nichts anderes als Bethlehem.

Sollten Ihnen die Füße vom vielen Laufen weh tun, gleich sind wir auch in Mamre, im guten alten Hebron.

Nur noch eine kleine, für den Betreffenden vielleicht ganz angenehme, sonst aber mehr unangenehme Episode. Mit Ruben, dem Älteren, gingen nämlich plötzlich die Pferde, vielleicht doch noch eher etwas anderes, durch. Eines Tages bekam er einen Rappel und »ging hin und schlief bei Bilha, dem Nebenweibe seines Vaters«.

Da hätten Sie den alten Jakob sehen sollen! Zornig ist gar kein Ausdruck – auch wenn's die Bibel so ausdrückt.

Tja, lieber Jakob, kaum geht man aus dem Zelt, geht ein anderer hinein. Bei uns kann so etwas heute nicht mehr passieren, was daran liegt, und darüber sind wir sehr froh, daß wir keine Zelte . . . sondern Häuser haben.

Jetzt aber nichts wie nach Hause! Vater Isaak – er lebt nämlich immer noch – wird Augen machen, wenn plötzlich sein Sohn mit dem ganzen Clan hereingestürmt kommt. Das macht der alte Isaak auch – nach all den Jahren, über 20 Jahre ist es jetzt her, nach all dem Kummer – nein, welche Freude!

Die Freude ist wohl etwas zuviel für den alten Herrn gewesen, der immerhin auch schon 180 ist, denn bald darauf erhalten wir von Herrn Moses die Todesnachricht, daß Isaak »alt und lebenssatt« verstorben ist.

Und wie einst Isaak und Ismael den Abraham, so begraben jetzt Esau und Jakob den Isaak.

Alles wiederholt sich eben im Leben, nur nicht, doch auch da soll man die Hoffnung nicht aufgeben . . . das Paradies.

VII Und rollt und rollt und rollt . . .

Alles schon 'mal dagewesen

»Dies ist die Geschichte Jakobs«, d.h., um genau zu sein, die von Josef, des Sohnes von Jakob.

An diesem Josef hatte Jakob einen besonderen Narren gefressen, »weil er ihm erst im Alter geboren war«, und vermutlich, das erwähnt Herr Moses nicht, dafür tun wir es, weil er der Sohn seiner Lieblingsfrau Rahel war.

Wenn man nur wüßte, womit man den Filius verwöhnen könnte; irgendetwas Ausgefallenes müßte es sein. Vielleicht, ja, das wäre etwas, ein schikker Rock, nicht das übliche, sondern einer mit Ärmeln, der letzte Schrei der haute couture.

Leider ist es uns nicht gelungen, trotz intensiver Bemühungen, ein entsprechendes Modell aufzutreiben. Soviel können wir dem modisch-interessierten Leser aus einem Blick hinter die Kulissen allerdings verraten, daß es sich wahrscheinlich um ein langes, wallendes Gewand, möglicherweise aus verschiedenen Fäden gewebt, gehandelt hat. Und, daß es natürlich todschick war.

Bei aller Liebe, Jakob, hast du auch daran gedacht, was Josefs Brüder sagen könnten, wenn sie das sehen? Schon 'mal was von Neid gehört und daß der Neid der Vater vieler Querelen? Wir können zwar verstehen, daß du den Josef lieber magst, nicht zuletzt deshalb, weil er dir immer so schön erzählt, was deine Nebenfrauen Bilha und Silpa hinter deinem Rücken treiben, aber das ist kein Grund, ihn vorzuziehen. Klug wie du bist, müßtest du das eigentlich wissen, aber fast hätten wir es vergessen, klug bist du ja nicht, nur raffiniert. Unheil, so nimm denn deinen Lauf!

Die Brüder reagieren wie vermutet äußerst sauer. Soweit ging es, daß sie ihm »feind wurden und ihm kein freundliches Wort mehr gönnen mochten«.

Und Josef, auch nicht der Geschicktesten einer, erzählt dann noch unbekümmert seinen Traum, daß sich beim Garbenbinden die Garben der Brüder vor seiner verneigten.

Junge, Junge, wie kann man nur? Wir müssen euch wohl erst einmal Nachhilfeunterricht in Psychologie geben, dabei haben wir immer gedacht, wir hätten so etwas nicht nötig.

Klar, daß das Wasser auf die Mühlen deiner Brüder ist. Anstatt wenigstens jetzt den Schnabel zu halten, erzählst du Dussel ihnen prompt auch noch den anderen Traum, wie Sonne, Mond und elf Sterne sich vor dir verneigen.

Das ist selbst – und das will etwas heißen – deinem Vater zuviel:

> »Was ist das für ein Traum, den du da gehabt hast? Sollen etwa ich und deine Mutter und deine Brüder kommen und vor dir niederfallen?«

(Was Jakob nicht hindert, die Sache im Hinterkopf zu behalten).

Wir befürchten nur, die väterliche Lektion kommt ein paar Erkenntnisse zu spät: Der Apfel rollt schon längst. Er rollt in Richtung Sichem, wo Jakobs Söhne eines Tages geschäftlich zu tun haben, Sie verstehen . . . die Herden ihres Vaters weiden.

Aber wer weiß, was die Burschen da sonst noch treiben? Man kann es sich zwar nicht vorstellen, doch wie dem auch sei, Vertrauen ist gut, Kontrolle besser. Und wer eignet sich besser als Kontrolleur (das hat man ja bei Bilha und Silpa gesehen) als Josef?

Als braver Sohn – und Josef ist ein solcher – erfüllt er dem Vater den Wunsch, und macht sich auf den Weg nach Sichem, um sie in Dothan, die Kleinigkeit von 20 Kilometern weiter, zu finden. Da hinten, sind sie das nicht?

Sie sind's und alles andere als begeistert, den »Träumer vom Dienst« kommen zu sehen.

Dem verpassen wir jetzt eine Lektion, daß dem Hören und Sehen vergeht, und zwar für immer:

> »Wohlan, wir wollen ihn töten und in eine der Zisternen werfen und hernach sagen, ein wildes Tier habe ihn gefressen; dann werden wir ja sehen, was aus seinen Träumen wird«.

Ruben ist der einzige, der noch eine Spur von Gefühl hat und die Brüder davon abbringen will. Was er ihnen nicht sagt, daß er den Bruder heimlich retten will.

Unterdessen ist Josef nähergekommen, froh, seine Leutchen endlich gefunden zu haben. Das war denn auch vorläufig seine letzte Freude. Denn kaum ist er in Reichweite, da stürzen sie sich wie die Geier auf ihn, reißen ihm erst einmal »das rote Tuch», das schöne Ärmelkleid, vom Leib und werfen ihn dann in die Zisterne. Zum Glück war gerade kein Wasser darin.

So, das wäre geschafft! Jetzt erst einmal ordentlich gefrühstückt! Verdammt nochmal, wer kommt denn da? Noch nicht einmal in Ruhe frühstücken kann man! Auch das noch! Eine Karawane von Ismaelitern, auf dem Weg nach Ägypten, aus ihrer Ladung zu schließen. Wohin sonst werden solche Mengen Gummi, Balsam und Harz geliefert?

Da hat Juda plötzlich eine Idee: Wie wär's, wenn wir unser verehrtes Bruderherz zu barer Münze machten? Von Geld haben wir mehr als von . . . Blut.

Geld hat noch jeden überzeugt!

Und so wechselt Josef für 20 Lot Silber – ein schönes Taschengeld – den Besitzer.

Ausgerechnet muß jetzt wieder Ruben kommen, der nichts Eiligeres zu tun hat, als in die Zisterne zu gucken und festzustellen, daß sie leer und ein entsprechendes Theater zu veranstalten: Kleider zerreißen und so . . . als ob sie nicht schon trouble genug gehabt hätten, ganz zu schweigen davon, daß ihnen der eigentliche noch erst bevorsteht: Dem Vater verklickern, daß Josef von einem wilden Tier gefressen worden ist.

Und richtig, so kommt es auch!

Als Jakob den blutigen Rock seines Sohnes sieht (damit's schön echt aussah, hatte man ihn vorher in das Blut eines frisch geschlachteten Ziegenbocks getaucht) – wir bitten um Vergebung, wenn wir Ihre ästhetischen Gefühle verletzen müssen – ist der Vater vor Trauer außer sich und zerreißt in einem Anfall von Schmerz seine Kleider. Die Tröstungen seiner Kinder lehnt er ab. Er ist nicht zu trösten.

Das sind Geschichten, nicht? Eine schlimmer, eine blutrünstiger als die andere. Und anstatt es endlich einmal besser wird, wird es immer noch schlimmer! Und woran liegt es in vielen Fällen? Am Neid! Alles schon 'mal da gewesen, siehe Kain und Abel.

Gibt es denn gar keine erfreuliche Geschichte mehr?

Doch! Wenn Sie ein wenig blättern . . . zurückblättern . . . in's Paradies.

Dieses Luder!

Zufälle gibt's vielleicht! Wenn nicht per Zufall die Kaufleute des Weges gekommen wären . . .wer weiß? Aber vielleicht sind es gar keine Zufälle? Ach was, Zufall ist Zufall und damit basta!

Von wegen, wie es der Zufall will, gerät Josef bald in höchste Kreise. Die Kaufleute verkaufen ihn nämlich an Potiphar, immerhin, Kämmerer des Pharao und Oberster der Leibwache.

Du scheinst dem Kämmerer sogar sympathisch zu sein, im Handumdrehen befördert er dich zu seinem engsten Mitarbeiter, seinem Leibdiener. Und bald darauf bringst du es sogar zum Verwalter. Wie hast du denn das hingekriegt?

Du nicht? Wieso?

Jemand anders? Bitte führe uns nicht an der Nase herum, sondern erkläre uns lieber die Sache.

Da gibt es nicht viel zu erklären?:

> »Und von der Zeit an, da er (d. i. Potiphar) ihn über sein Haus und alle seine Güter gesetzt hatte, segnete der Herr das Haus des Ägypters um Josefs willen, und der Segen des Herrn ruhte auf allem, was er hatte, in Haus und Feld«.

Ach so ist das? Josef müßte man heißen!

Und ein Aussehen hast du! Einfach Klasse; toll, so richtig »schön von Gestalt und schön von Aussehen«.

Die Frauen sind dir doch sicher in Scharen nachgelaufen. Die Frau deines Chefs scheint jedenfalls ein Auge auf dich geworfen zu haben; na, wenn das nicht nach mehr Augen aussieht. Hüte dich vor Ehefrauen, die – außer Nichtstun – nichts zu tun haben! Sie tun oft etwas, was sie besser nicht tun sollten . . .

Dieser hübsche Hebräer gefällt mir! Ob ich ihn einmal . . .? Allein der Gedanke! Bei nächster Gelegenheit wird man einmal seinen Charme spielen lassen!

Irgendwann kommt sie, die Gelegenheit.

Attraktiv sieht sie ja aus und rassig mit ihren langen, schwarzen Haaren, dem heißblütigen Blick, durch ein perfektes Augen-Make-up von blauem Lidstrich [1] und schwarz getuschten Wimpern [2] wirkungsvoll zur Geltung gebracht. Und erst dieses Gewand! Ist es ein Négligé? Es ist nicht zu erkennen, nur die Reize, die sich darunter verbergen . . . die Dame – die keine ist – wäre nicht vom Stamme Evas, wenn sie das nicht wüßte. Eigentlich müßte der kleine Hebräer anbeißen!

Oh, da kommt er ja schon. Schnell noch ein letzter Blick auf die Frisur, sich in eine günstige Position gesetzt. Genier dich nicht:

> »Du hast große Kraft in dir! Ich sehe ja täglich deine Stärke . . . Komm! Laß uns eine Stunde niederlegen! – Das möge dir angenehm sein. Und: Ich will dir auch schöne Kleider machen«. [3]

Wie mag sich Josef verhalten haben?

> »Er aber weigerte sich und sprach zu der Frau seines Herrn: Sieh, mein Herr kümmert sich neben mir um nichts im Hause, und alles, was er besitzt, hat er mir übergeben. Er selbst ist in diesem Hause nicht größer als ich; er hat mir nichts vorenthalten, als dich, weil du sein Weib bist. Wie sollte ich da ein so großes Unrecht begehen und wider Gott sündigen?«

Donnerwetter! Das nennen wir Haltung! Ein Playboy scheinst du jedenfalls nicht zu sein, im Gegensatz zu deinem Bruder Juda, der nicht gerade ein Kostverächter ist und zur Not auch mit »schlechter Kost« – wenn du verstehst, was wir damit meinen – vorlieb nimmt und, eigentlich wollten wir es dir gar nicht sagen, schließlich haben wir dir und dem verehrten Leser gegenüber eine Verantwortung, – peinlich, peinlich – aus Versehen sogar vor der eigenen . . . Schwiegertochter nicht Halt macht.

1 lapislazuliblauer Lidstrich scheint in Ägypten bei den Frauen groß in Mode gewesen zu sein.

2 Als Wimpertusche verwandte man Stibium, das nicht unweit der Heimat Josefs gewonnen wurde und bei den Damen des Hofes ein begehrter Artikel war.

3 Dieser Text ist ausnahmsweise einmal kein Bibelzitat, sondern es handelt sich um eine Episode, die sich mit anderen Beteiligten im alten Ägypten nachweisbar abgespielt hat.

Ein Buch ist diese Bibel vielleicht! Heutige Aufklärungsbücher sind nichts dagegen!

Aber glaube ja nicht, daß du damit die Dame abgewimmelt hättest! Um so weniger du von ihr wissen willst, um so mehr, so sind diese Art Frauen, will sie von dir wissen. Na ja, an dir beißt sie sich wenigstens die Zähne aus.

> »Und ob sie auch täglich Josef zuredete, hörte er nicht auf sie, daß er sich zu ihr gelegt hätte, um mit ihr Umgang zu pflegen«.

Wodurch der Ehrgeiz der liebestollen Dame erst recht angestachelt und sie es zur Abwechslung einmal mit einem Trick versucht. Wäre doch gelacht, wenn man den hübschen Jungen nicht kriegen könnte!

Nein, verehrte Dame, kriegen können Sie höchstens . . . sein Gewand, das er bei einem Ihrer plötzlichen Sturmangriffe aus der Not heraus in der Eile (bloß weg von dieser Nymphomanin!) in ihrer Hand zurücklassen muß.

Da spuckt die Verschmähte Gift und Galle: Das soll er mir büßen, dieser Hebräer! Und raffiniert wie sie ist, zieht sie eine Schau vor dem Personal ab:

> »Seht, da hat er (Potiphar) uns einen Hebräer ins Haus gebracht, daß der seinen Mutwillen mit uns treibe. Er kam zu mir herein, um sich zu mir zu legen; aber ich schrie laut. Und als er hörte, daß ich ein Geschrei erhob und rief, ließ er sein Kleid neben mir und floh und lief zum Hause hinaus«.

Der zweite Teil der Show spielt sich vor dem Ehemann ab, der natürlich vor Wut schäumt und den Hebräer stehenden Fußes aus dem Haus . . . in's Gefängnis wirft, wo Leute dieses Schlages hingehören! Gott sei Dank, gibt es noch eine Justiz!

Armer Josef! Das hast du nun von deiner Zurückhaltung! Nimm's mit Humor: Die Lage ist zwar im Moment hoffnungslos, aber nicht ernst.

Was für eine Karriere!

Ins Gefängnis kommen kann jeder, aber herauskommen, das ist schon eine Kunst. Es liegt uns fern, lieber Josef, dich noch mehr demotivieren zu wollen, aber noch ist uns nicht klar, wie du das schaffen willst, zumal dir die zwei wichtigen »Bs« fehlen, mit Hilfe derer sich fast alle Türen, auch die Gefängnistüren, öffnen lassen: Brieftasche und Beziehungen. Du wirst uns daher erlauben, bei allem Gottvertrauen, das wir mittlerweile schon bei euch abgeguckt haben (so ganz unverbesserlich sind wir denn doch nicht), skeptisch zu sein.

Das einzig Positive: Daß du es anscheinend ganz gut mit dem Gefängnisaufseher kannst, der dir praktisch die gesamte Aufsicht überläßt. Auf diese Weise kommst du mit vielen Leuten zusammen, auch mit einflußreichen Gefangenen, wie dem Obermundschenk und dem Oberbäcker des Pharao.

Ganz schön hohe Tiere; d.h. im Moment nicht mehr ganz so hoch! Sie machen einen etwas verdrießlichen Eindruck, findest du nicht? Vielleicht haben sie schlecht geträumt! Falls das der Fall sein sollte, seid ihr bei Josef richtig. Einen besseren Traumexperten werdet ihr nicht so leicht finden.

Sagten wir es doch! War die Traumdeutung, die er euch gegeben hat, nicht fulminant? Wer sonst hätte euch sagen können, daß Sie, Herr Obermundschenk, drei Tage später wieder auf freiem Fuß sind und Sie, Herr Oberkonditor, mit dem gleichen Körperteil . . . hängen?

Nun, Herr Obermundschenk, ist aber die Reihe an Ihnen, auch etwas für Josef zu tun. Wir hoffen nicht, daß auch Sie zu denen gehören, für die das Sprichwort »aus den Augen, aus dem Sinn« gilt.

Leider scheint es doch zu gelten!

Dann bleibt eben nur eines, daß der Pharao auch Träume hat.

Er hat sie, schon bald. Und wie das so ist, wenn man Kapazitäten, hochgeschätzte und noch höher dotierte, um sich hat, die zwar ein außerordentliches Wissen, dafür um so weniger Weisheit besitzen (know how ist eben nicht immer gleich know how), und einem infolgedessen nicht helfen können, dann ist man als Pharao denn doch ein wenig ungehalten.

Zum Glück gibt es Obermundschenks, die sich denn doch vergangener Wohltaten entsinnen! Nicht verzagen, Josef fragen, so oder ähnlich (wobei der Akzent auf »ähnlich« liegt) mag der Obermundschenk, einer der Vorgänger des »chevalier du tastevin«, mit dem Pharao parliert haben.

Daß die Deutung ein voller Erfolg wurde, das, verehrte Leser, war Ihnen sicher schon vorher klar (Sie wissen doch noch, die Sache mit den fetten und den mageren Kühen), genauso wie die unumstößliche Tatsache, daß ein Chef auf Mitarbeiter angewiesen ist und ein guter Chef auf gute Mitarbeiter! So wird es Sie sicher nicht wundern, daß Josef im Handumdrehen Karriere machte und was für eine!

Falls Sie ähnliche Ambitionen haben sollten, müssen Sie sich ein wenig, na, noch mehr als ein wenig, anstrengen, denn zweiter Mann im Staat zu werden, das ist so einfach nicht; genausowenig wie eine der ersten Töchter des Landes als Gattin offeriert zu bekommen. Die richtigen Träume machen's möglich!

Wir verneigen uns in Hochachtung vor dir, verehrter Josef. Das ist mehr, viel mehr, als wir erwartet haben. Wenn man bedenkt, woher du kommst . . . einfach sagenhaft! Und wenn man nach deinem Erfolgsprinzip sucht, dann kann man nur sagen, es ist der . . . Zufall, der allerdings gar nicht so zufällig ist! Und wenn er nicht zufällig ist, dann kann er nur – diese Erkenntnis ist wirklich simpel – arrangiert sein. Wir haben den Eindruck, lieber Josef, daß wir unsere Vorstellung vom Zufall revidieren müssen. Zufälle als . . . Einfälle von anderer Seite, das ist uns neu, das müssen wir überdenken.

Wenn du gestattest und Sie natürlich auch, verehrter Leser, ziehen wir uns für ein paar Momente zurück, solange Herr Moses uns Zeit mit der nächsten Geschichte läßt.

Ein Trip mit Folgen

Wirtschaftswunder gibt es immer wieder, wie auch Rezessionen. Zur Zeit befinden wir uns in einer Rezessionsphase, einer äußerst unangenehmen: Lebensmittel sind Luxus bzw. was das gleiche ist, sind Mangelware. Das Land am Nil muß einmal wieder Entwicklungshilfe leisten.

Im heimatlichen Kanaan überlegen die Jakobs angestrengt, wie man aus der Bredouille kommen kann. Vater Jakob sieht nur eine Möglichkeit: Die Herren Söhne sollen nach Ägypten ziehen. Benjamin bleibt selbstverständlich zuhause, sonst passiert ihm womöglich auch noch etwas. Die Sache mit Josef damals hat gereicht.

In Ägypten herrscht, wie zu erwarten, starker Rummel. Statt »Souvenirs« kauft man – zwar nicht besonders einfallsreich, dafür aber lebenswichtig – Brot und Getreide, ganze Berge davon, denn die Hungersnot »war drückend in aller Welt«. So drückend, daß es nur einen gab, der helfen konnte. Sämtliche Bittgesuche liefen über seinen Schreibtisch. Davon werden auch die Söhne Jakobs ein Lied singen können:

Besonders freundlich ist der ja nicht, obwohl man sich höflich benommen, sich sogar bis zur Erde verneigt hat. Komische Menschen, diese Ägypter und irgendwie gemein! Wie sonst hätte man sie als Spione verdächtigen können, gerade sie, die keiner Fliege etwas zuleide taten. (Von Josef einmal abgesehen,aber das war eine andere Geschichte.) Und der Kerl ist doch davon nicht abzubringen! Will uns auch noch auf die Probe stellen und uns nicht eher ziehen lassen, bis wir ihm Benjamin, unseren jüngsten Bruder, präsentiert haben. Der spinnt wohl, mit Verlaub zu sagen! Wie sollen wir denn das hinkriegen! Der Vater wird uns etwas anderes sagen.

Allein, der bleibt dabei. Einer soll hingehen und Benjamin holen, die anderen bleiben als Pfand, und zwar im Gefängnis. Gott sei Dank, nur für drei Tage, was nicht heißt, daß er den Benjamin nicht mehr will; nur tut's als Pfand auch nur einer. Launen hat der vielleicht!

Das kommt davon! Klar, daß sich Bruder Ruben da wieder einschalten muß: Ihr wolltet ja damals, als es um Josef ging, nicht auf mich hören. Das habt ihr nun davon!

Wenn er gewußt hätte, daß jemand anders still und leise mitgehört hätte . . . Sehr sensibler Mann übrigens, scheint sehr bewegt zu sein von dem, was er da hört; wie sonst könnte man sich seine Tränen erklären?

Glauben Sie aber ja nicht, daß seine Tränen etwas an seiner Entschlossenheit ändern. Oh nein, einer muß dableiben und zwar der Simeon, und, damit es hübsch dramatisch aussieht, wird er vor aller Augen gebunden.

Jetzt können die Brüder losziehen, was sie auch tun, wenn auch schweren Herzens. Aber seit wann kann man sich seine Stimmung aussuchen bzw. die nötige Geldsumme, die man entweder hat oder nicht hat? In diesem Falle »hat«, denn als einer der Brüder in der Herberge seinen Sack aufmacht, da findet er einen ordentlichen Batzen Geld, genauso groß, wie der, den er mitgenommen hatte. Und das kann doch nicht sein, bei all dem Korn, was man gekauft hat. Die Brüder sehen dies ebenso und sind dementsprechend beunruhigt. Was das wohl bedeuten mag?

Wir könnten es euch sagen, aber wir tun es nicht. Ihr könnt ruhig einmal ein bißchen schmoren, je länger, desto besser, damit der Braten auch schön weich wird und . . . mundet. Das tut er nämlich bis jetzt noch nicht! Wie lange ihr dazu wohl brauchen mögt? Gut Ding will sicher Weile haben. Dann müssen wir sicher noch ein wenig weilen, sprich warten. Aber wenn sich das Warten lohnt! Ihr habt Zeit bis . . . zum nächsten Kapitel, zur Not auch bis zum übernächsten!

Und noch einmal der ganze Spaß von vorn!

Wie es aussieht, scheint ihr noch ein bißchen länger zu brauchen. Erst 'mal müßt ihr Vater Jakob die Hiobsmeldung mit Benjamin verklickern.

Der arme Jakob! Ihm bleibt aber auch nichts erspart! Erst den Josef, jetzt den Benjamin. Das ganze Elend bringt ihn noch ins Grab.

Aber, lieber Jakob, wenn du den Benjamin nicht opferst, bringst du deine anderen Familienmitglieder in Kalamitäten. Und das willst du doch sicher auch nicht!

Außerdem ist Juda so nett (scheint ein feiner Kerl zu sein, der Juda, trotz allem) und bietet sich als Bürge dafür an, daß Benjamin heil zurückkommt und wenn nicht, will er bis an sein Lebensende Schuld dafür tragen. Das ist ein Wort! Das findet auch Jakob:

Also, wenn es denn sein muß, in Gottes Namen . . . Aber bringt dem hohen Herrn wenigstens ein paar anständige Geschenke mit, vielleicht stimmt ihn das gnädig. Wie wär's mit ein wenig Balsam, ein wenig Honig, Gummi und Harz, Pistaziennüssen und Mandeln? Und vergeßt nicht den doppelten Betrag an Geld mitzunehmen, möglicherweise ist da neulich ein Irrtum unterlaufen!

Wenn das nur gut geht! Der Wunsch ist berechtigt! Denn als die Brüder sich dem hohen Herrn präsentieren, verhält sich dieser äußerst merkwürdig. Er gibt nämlich Auftrag . . . sie zum Mittagessen einzuladen.

Was soll denn das? Wenn da nicht etwas dahintersteckt! Vielleicht hat er das neulich mit dem Geld spitzgekriegt! Und jetzt schlägt die Stunde der Abrechnung! Und wie die aussieht, kann man sich ausrechnen: Konfiszierung der Esel und was noch schlimmer: Die machen uns zu Sklaven. Das fehlt uns gerade noch! Das einzige, was uns noch helfen kann, ist ein vorzeitiges Geständnis, so etwas macht sich immer gut. Der Hausverwalter scheint ein vernünftiger Mann zu sein, also denn, Leute, gebt euch einen Ruck . . .

Nanu, der reagiert ja ganz freundlich! Wo sind wir denn hier? Jetzt reicht er uns auch noch Wasser, damit wir uns vor dem Essen die Füße waschen können und Futter für die Esel gibt er uns auch noch. Das soll einer verstehen! Möglicherweise kommt das dicke Ende aber noch hinterher, wenn der hohe Herr persönlich erscheint. Für den Fall haltet die Geschenke in Reichweite!

Komisch, der verhält sich auch so merkwürdig . . . freundlich. Erkundigt sich nach unserem Vater und beschäftigt sich ganz intensiv mit Benjamin!

Aber was ist denn jetzt in ihn gefahren? Warum verläßt er denn auf einmal den Raum? Eine Art haben diese Ägypter vielleicht! Doch halt, da kommt er schon wieder, sieht aus, als ob der Herr geweint hat. Das ist sicher eine Sinnestäuschung. Warum sollte der Herr Minister weinen?

Wie dem auch sei, er läßt jetzt das Essen auftragen und das wollen wir uns erst einmal richtig munden lassen. Sieht lecker aus, was da auf den Tisch kommt!

Warum sitzen die Ägypter eigentlich nicht mit uns an einem Tisch? Wir sind denen wohl nicht gut genug? Soll uns nicht kümmern, Hauptsache, es schmeckt! Der Herr Minister hat selbstverständlich einen besonderen Platz, von wo er uns, die wir fein säuberlich einer nach dem anderen, nach dem Lebensalter, aufgereiht sind, beobachten kann . . . Dem Benjamin läßt er sogar fünfmal auftragen. So übel scheinen diese Ägypter doch nicht zu sein! Vielleicht waren unsere Befürchtungen doch etwas übertrieben. Um so besser, dann können wir uns umsomehr freuen und auch einen Becher mehr als gewöhnlich trinken.

Die Chronisten kommen nicht umhin, dem verehrten Minister ein Kompliment auszusprechen. Statt die Bittsteller aus Kanaan, deren Vorgeschichte nur allzu bekannt ist, kalt abzuspeisen, tun Sie, Herr Minister, noch ein übriges: Sie servieren ihnen . . . ein warmes Essen!

Examensnöte

Auch das schönste Festessen geht einmal vorüber und der Alltag fordert wieder seinen Tribut, in unserem Falle, mit Kofferpacken und Abreisen.

Das hätten die Kameraden ja wieder einmal gut überstanden! Hätte ja auch, wenn man das so bedenkt, ins Auge gehen können. Doch das ist, Gott sei Dank, Schnee von gestern!

Das denkt ihr! Wir würden euch raten, dreht euch einmal um; nicht, daß es plötzlich schneit, nein, viel schlimmer, der Verwalter des hohen Herrn ist euch auf den Fersen.

Was der bloß will?

Das wird er euch gleich sagen:

Was habt ihr mit dem silbernen Becher gemacht, der meinem Herrn gehört und: Wo ist das Geld geblieben?

Was für einen Becher? Was für Geld? Bei uns bist du da an der falschen Adresse, wir haben nichts gestohlen! Wenn du's nicht glaubst, dann schau doch selber nach. Hier sind unsere Säcke! Wenn du etwas findest, dann sind wir bereit, dafür als Knechte deines Herrn zu sühnen, und der, bei dem du es findest, ist selbstverständlich des Todes, da gibt's gar nichts!

Und was ist das? Triumphierend hält der Mann einen silbernen Becher hoch. Und ausgerechnet bei Benjamin hat er ihn gefunden.

Das darf doch nicht wahr sein! Wie kommt der Becher denn in Benjamins Sack?

Die Brüder wissen nicht mehr ein noch aus und, wie in solchen Fällen üblich, zerreissen ihre Kleider. Aus! Endgültig in der Falle!

Der Minister ist natürlich von schneidender Kälte. Das kann man ihm noch nicht einmal verdenken.

Ob Juda ihn besänftigen kann, wenn er ihm sagt, daß wir alle bereit sind, ihm als Knechte zu dienen?

Es sieht nicht so aus. Judas Angebot nimmt er nicht an. Er will den Benjamin. Und da ist nichts zu machen.

Aber auch bei ihnen nicht! Alle, nur nicht Benjamin, das versucht Juda dem hohen Herrn in einer flammenden Rede klarzumachen. Er selber ist bereit, sich an Stelle des Delinquenten zur Verfügung zu stellen. Der hohe Herr möge ein Einsehen haben. Er hat es dem Vater nun einmal versprochen, auf Benjamin achtzugeben. Und wenn Benjamin nicht nach Hause zurückkehrt, dann wäre das der sichere Tod für seinen armen, alten Vater.

Ob die Rede Eindruck auf den hohen Herrn machen wird? Gut ist sie ja, aber das heißt noch lange nicht, daß sie sich durchsetzt. Seit wann setzt sich das Gute durch . . .?

... seit Ausnahmen die Regel bestätigen! Die Antwort läßt sich hören. Und da Josef eher zu den Ausnahmen als zur »Dutzendware« gehört, ist es nicht verwunderlich, daß er sich so verhält, wie er sich verhält:

> »Da konnte sich Josef nicht mehr länger halten ... Ich bin Josef, euer Bruder, den ihr nach Ägypten verkauft habt«.

Das ist doch nicht möglich!
Doch!

> »Doch nun grämt euch nicht und laßt es euch nicht leid sein, daß ihr mich hierher verkauft habt; denn um (viele) am Leben zu erhalten, hat mich Gott vor euch hergesandt ... Nun eilt und zieht hinauf zu meinem Vater und sagt ihm: ›Das läßt dir dein Sohn Josef sagen: »Gott hat mich zum Herrn über ganz Ägypten gemacht. Komm herab zu mir und säume nicht! Du sollst im Lande Gosen wohnen und nahe bei mir sein, du und deine Kinder und deine Kindeskinder samt deinen Schafen und Rindern und allem, was dein ist. Ich will daselbst für dich sorgen – denn noch fünf Jahre dauert die Hungersnot – daß du nicht in Armut gerätst, du und dein Haus samt allem, was dein ist ...«.

Sprach's und fällt seinem Bruder Benjamin um den Hals und weint und küßt Benjamin und auch seine Brüder.

Eine ziemlich rührselige Angelegenheit, nicht? Nur dumm, daß wir unser Taschentuch schon vor geraumer Zeit verloren haben.

Nichts spricht sich bekanntlich so schnell herum, wie das, was hinter verschlossenen Türen gesprochen wird. Und ein guter Geheimdienst sorgt dafür, daß es sofort an die richtigen Stellen weitergeleitet wird und in die richtigen Hände, pardon, in die richtigen Ohren, gelangt. Wenn's hoch kommt, sogar in die richtigen Herzen. So wie jetzt. Der Pharao besitzt nämlich noch solch Körperteil, und zwar just an der richtigen Stelle.

Völlig richtig, was Josef da angeordnet hat und: Hier habt ihr noch ein paar Kleider für besondere Angelegenheiten und du, Benjamin, sollst noch 300 Lot Silber, Feiertagskleider ohnehin, bekommen. Korn, Getreide und andere Speise, nehmt mit, soviel ihr braucht. Und jetzt ab mit euch in Richtung Heimat, daß ihr den Rest der Familie schnell herbringen könnt!

Was für ein Pharao! Was für ein Bruder! Daß es so etwas noch gibt in diesen materialistischen Zeiten; wir gehen wohl nicht fehl in der Annahme, wenn wir derlei Gedankengänge bei den Brüdern vermuten oder sind Sie, verehrter Leser, anderer Meinung? Die Chronisten tun sich jedenfalls schwer, andere, als die eben beschriebenen Gedanken zu hegen. Sie halten es deshalb auch für angebracht, sofern du, lieber Josef, einen Moment für uns Zeit hast, dir einmal unsere ... äh ... wir sind diese Gedankengänge nicht gewohnt, deshalb stottern wir ... unsere Bewunderung auszusprechen: Menschen wie dir sind wir in der Bibel selten begegnet!

Anstatt mächtig auf den Putz zu hauen und ihnen das heimzuzahlen, was sie dir angetan, läßt du sie nur ein wenig zappeln und überschüttest sie dann mit Geschenken und noch viel kostbarer . . . mit deiner Liebe, vergiltst also Böses mit Gutem und nicht Gleiches mit Gleichem.

Das soll erst einmal einer nachmachen! Wir jedenfalls tun es in der Regel nicht, obwohl wir seit fast 2000 Jahren ein Buch in unserem Bücherschrank haben, das etwas Ähnliches predigt wie du. Leider ist die Staubschicht im Laufe der Zeit so dick geworden, daß es kaum mehr benutzt wird. Übrigens, sollen da noch verrücktere Dinge drinstehen, wie, daß man seinen Feind, man stelle sich das einmal vor, nicht hassen, sondern lieben soll! Wir fragen dich: Wo käme man denn da hin?

Vielleicht dem Frieden ein Stück näher?

Soll das etwa heißen, daß ihr vernünftiger seid als wir, was heißt vernünftiger, avantgardistischer seid als wir?

Wir sehen, daß du gerade zu einer Antwort anheben willst.

Sei uns nicht böse, lieber Josef, wir würden uns zwar gerne mit dir noch weiter über Wesentliches unterhalten, aber leider haben wir für das Wesentliche keine Zeit, für das Unwesentliche schon eher. War nett, mit dir zu plaudern!

Mit Kind und Kegel nach Ägypten

Puh, das haben wir gerade noch einmal beigebogen! Hätte nicht viel gefehlt und man hätte uns noch auf den Zahn gefühlt, um dann die Diagnose zu stellen, daß sie . . . faul sind und gezogen werden müssen. Und wer läßt sich schon gern Zähne ziehen? Wenn es schon um ziehen geht, dann ziehen wir lieber mit den Jakobs. Denn Jakobs sind mittlerweile auf dem Weg nach Ägypten. Der alte Jakob hat es zwar erst nicht glauben wollen, was die Söhne ihm erzählten, vor allem, daß sein Josef noch lebt, aber am Ende hat er es dann doch geglaubt und sich – überflüssig zu erwähnen, deshalb erwähnen wir's – gefreut (ist gar kein Ausdruck!).

Als Reiseroute wählt man die über Beerseba, die Jakob aus seiner Jugend noch vertraut ist. Wie sich's gehört, wird dem Gott des Vaters Isaak erst einmal ein Opfer gebracht.

Das Opfer scheint »angekommen« zu sein, denn Jakob erhält »postwendend« Antwort und den Bescheid, die Reise nach Ägypten ruhig zu unternehmen. Der Herr selbst will ihn begleiten.

Die Chronisten haben es längst aufgegeben, über das ausgezeichnete Fernmeldewesen von damals zu spekulieren. Welch' ein Kommunikationssystem: Keine Telefone, aber dafür Kontakte und was für welche! Die

Chronisten stellen wieder einmal fest, daß sie ein Gefühl der Traurigkeit nicht unterdrücken können. Geht es denn nicht einmal ein Kapitel ohne?

Nein? Solange der Kontakt zum Apfel nicht unterbrochen ist?

Dann können wir uns auf lange Wartezeiten einrichten.

Wenn wir jetzt noch lange reden, verlieren wir auch noch den Kontakt zu Jakobs. »Fasse Dich kurz« sollte auch für Chronisten eingeführt werden.

Wenig Leute seid ihr ja nicht gerade, ihr scheint wohl mit Kind und Kegel loszuziehen? Wieviel Mann seid ihr denn?

Was? 70 Mann? Das scheint ja schon mehr eine Großfamilie zu sein. Wo habt ihr eigentlich eure Kamele und Esel gelassen? Sie sind nirgends zu sehen. Wollt ihr etwa zu Fuß gehen? Was stehen denn da für merkwürdige Vehikel vor eurem Zelt? Wo habt ihr die denn aufgegabelt? Sieht nach einer Art »Automobil« aus. Laßt sehen, von Automobilen verstehen wir heute etwas.

Wenn unser Archiv-Photo die Wahrheit sagt, dann sahen sie noch nicht einmal schlecht aus![4]

Keller, s. Anhang

4 Möglicherweise handelt es sich bei dem abgebildeten Modell, einem Standartenwagen aus Theben, um ein ähnliches wie das in der Bibel erwähnte.

Ihr wollt uns doch nicht weismachen, daß die aus Kanaan sind! Das sind doch Wagen der Hyksos, der »Herrscher fremder Länder«, die zur Zeit auf eurem Erdball, jedenfalls in der Ecke, wo ihr euch aufhaltet, das Sagen haben.

Pferde als Antriebsmittel, das ist doch 'mal etwas anderes!

Josef besitzt auch ein solches Modell, allerdings ein Luxusmodell, wie es sich für den zweiten Mann des Staates gehört, der nur den Wagen nach dem Pharao, eben den »zweiten Wagen« fahren kann. Ihr werdet ihn gleich um die Ecke biegen sehen, wenn Juda ihm eure Ankunft gemeldet hat. Seht ihr die Staubwolke? Sie annonciert ihn.

Und da ist er auch schon.

Der Pharao läßt bitten

Den Chronisten ist es gelungen, sich an den Palastwachen vorbeizudrücken (war gar nicht so einfach), und sich im Palast eine strategisch günstige Position zu verschaffen. Falls Sie uns nicht gleich sehen sollten, wir stehen hinter einem kardinalroten Vorhang (möglicherweise »Made in Kanaan«). Die Akustik ist gut, die Sicht könnte besser sein. Doch Hauptsache, sie ergattern ein paar Hintergrundinformationen.

Soeben hat der Pharao auf seinem Thron Platz genommen; um ihn herum seine engsten Mitarbeiter. Er scheint guter Laune zu sein. Hoffentlich hält dies an, denn Josef hat soeben die ersten Stufen zum Palast genommen und geht entschlossenen Schrittes auf das Arbeitszimmer (eine zarte Untertreibung der Chronisten; denn es ist mehr Saal als Zimmer) zu, und:

> »So ging denn Josef hinein und meldete dem Pharao . . .: ›Mein Vater und meine Brüder sind mit ihren Schafen und Rindern und ihrer ganzen Habe aus dem Lande Kanaan gekommen, und nun sind sie im Lande Gosen‹«.

Fünf seiner Brüder, die, die man am ehesten herzeigen konnte, hatte er gleich mitgebracht.

Was ist denn euer Job? Der Pharao scheint nicht uninteressiert.

Wir sind Flüchtlinge, von Beruf Schafshirten. Gern würden wir uns in eurem Lande Gosen, von dem wir schon so viel gehört haben, niederlassen.

Für Interessenten eine Karte:

Cornfeld/Botterweck; s. Anhang

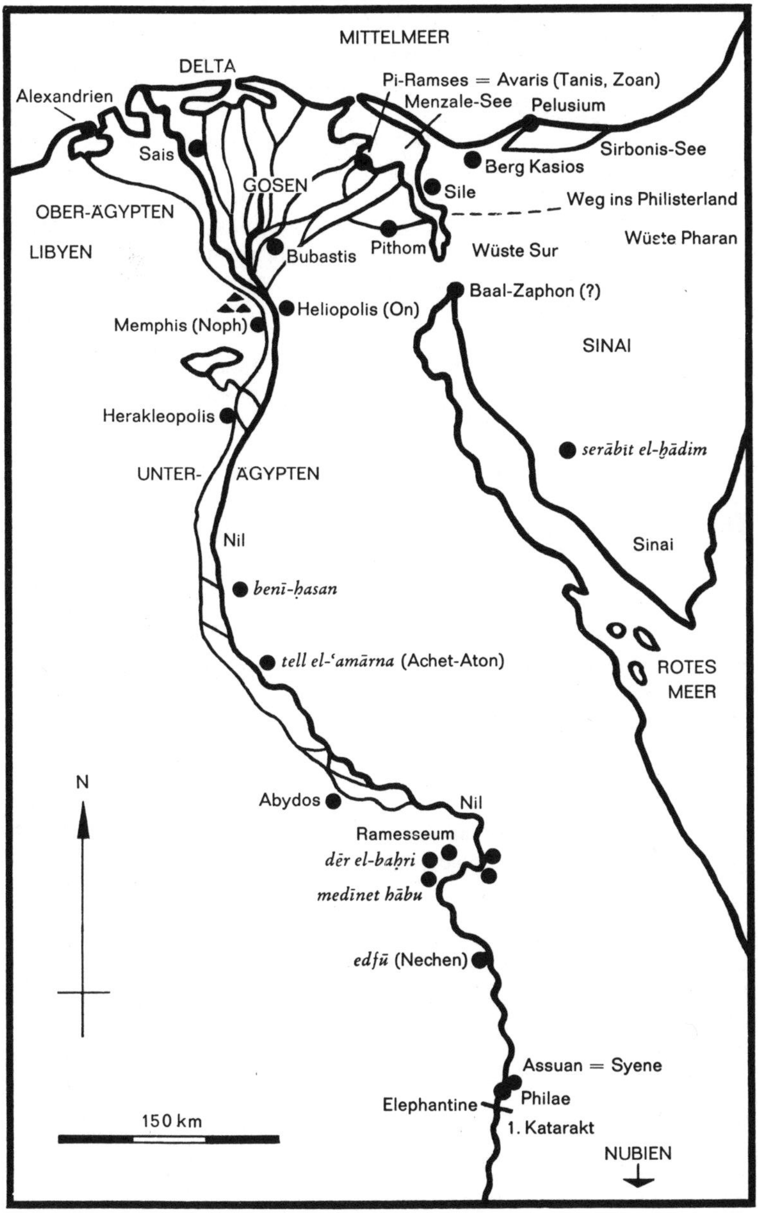
MITTELMEER
DELTA
Alexandrien
Pi-Ramses = Avaris (Tanis, Zoan)
Menzale-See
Pelusium
Sirbonis-See
Sais
Berg Kasios
GOSEN
Sile
Weg ins Philisterland
OBER-ÄGYPTEN
Wüste Pharan
LIBYEN
Bubastis
Pithom
Wüste Sur
Baal-Zaphon (?)
Heliopolis (On)
Memphis (Noph)
SINAI
Herakleopolis
serābit el-ḫādim
UNTER-
ÄGYPTEN
Nil
Sinai
benī-ḥasan
tell el-ʿamārna (Achet-Aton)
ROTES
MEER
N
Abydos
Nil
Ramesseum
dēr el-baḥri
medīnet hābu
edfū (Nechen)
Assuan = Syene
Philae
Elephantine
1. Katarakt
150 km
NUBIEN

Falls Sie es noch nicht wissen sollten: Bei Gosen im nord-östlichen Nil-Delta handelt es sich um eine der fruchtbarsten Landschaften Ägyptens. Und die Metropole Memphis ist ganz in der Nähe; nur 30 Kilometer südlich vom heutigen Kairo.

Wie mag der Pharao auf diese Bitte reagieren? Im vorigen Kapitel stand er dem zwar noch positiv gegenüber, aber bei diesen hohen Herren weiß man ja nie.

Die Chronisten haben da so ihre ganz bestimmten Vermutungen. Ihre Gedanken wandern nämlich ein gutes Vierteljahrhundert, in das Jahr 1945 n. Chr. zurück, wo Flüchtlinge – der verehrte Leser wird davon gehört, es vielleicht sogar am eigenen Leib erlebt haben – häufig genug eben als . . . solche behandelt wurden.

Um so mehr - die Chronisten trauen ihren Ohren kaum – hebt sie die Antwort des Pharao aus dem Sessel (auch, wenn keiner da ist):

> »Da sprach der Pharao zu Josef: ›Dein Vater und deine Brüder sind also zu dir gekommen. Das Land Ägypten steht dir offen. Laß deinen Vater und deine Brüder im besten Teil des Landes wohnen; sie mögen im Lande Gosen bleiben‹«.

Und noch ein übriges veranlaßt er:

> »Und wenn du weißt, daß tüchtige Leute unter ihnen sind, so setze sie zu Aufsehern über meine eigenen Herden«.

Donnerwetter, »pas mal«, Sire, pardon, Herr Pharao! Aber wenn man bedenkt, daß dies ja auch um etwa 1700 v.Chr. passiert ist . . . . Wie pflegt doch der gebildete Ägypter in solchen Fällen zu sagen?: »Tempora mutantur«!

Josef ist äußerst erleichtert, sein Vater Jakob natürlich auch. Mit 130 Jahren auf dem Buckel möchte man doch endlich wissen, wohin man gehört. Und dafür sorgt Josef und auch für den entsprechenden Rahmen.

Am Ende dieses Kapitels erlauben sich die Chronisten, einem jeden Leser zu seinem 130. Geburtstag eine ähnliche Konstellation, sprich, einen ähnlichen filius, zu wünschen. In diesem Sinne: Happy birthday to you!

Krisen – Management *

Die letzten Neuigkeiten, die uns soeben aus Ägypten erreichen, sind nicht gerade dazu angetan, unsere Feiertags-Stimmung, in der wir uns noch seit dem letzten Kapitel befinden, zu fördern. Im Gegenteil: Wieder einmal ist eine Katastrophe in Sicht, wieder einmal rollt ein Apfel auf uns zu.

Wären es doch wenigstens noch solche gewesen! Aber selbst diese waren nicht mehr aufzutreiben.

Vom Staatspräsidenten persönlich (in diesem Falle König Zoser) empfangen wir soeben eine Nachricht, die auch von Josefs Pharao hätte stammen können:

> »Ich bin sehr besorgt wegen derer, die im Palaste sind. Mein Herz ist in großer Sorge über das Unglück, weil der Nil während der Dauer von 7 Jahren nicht gekommen ist. Es gibt wenig Feldfrüchte, es mangelt an Kräutern, es fehlt an allem Eßbaren. Jedermann bestiehlt seinen Nächsten . . . die Kinder weinen, die jungen Leute schleichen einher. Der Alten Herz ist gebeugt, ihre Schenkel sind gelähmt, an der Erde sitzen sie. Die Hofleute sind ratlos. Die Vorratskammern wurden aufgemacht, aber . . . alles, was dagewesen, war aufgezehrt«.

Auch die Chronisten sind sehr besorgt.

Dies ist wieder die Stunde von Krisenmanager Josef. Was wird er sich in dieser Situation einfallen lassen? Clever, wie er ist, wird er schon etwas finden.

Herr Moses, auch in Wirtschaftsfragen kompetent, schildert Josefs Austerity-Programm im einzelnen. Und wie jedes Sparprogramm, spart auch dieses nicht mit Worten (obwohl, und diese Bemerkung können sich die Chronisten beim besten Willen nicht verkneifen, über die Jahrtausende hinweg die Anzahl der Worte solcher Programme beträchtlich gestiegen, wobei ihr Verhältnis zur Effizienz allerdings umgekehrt proportional gefallen ist):

> »So brachte Josef alles Geld zusammen, das sich im Lande Ägypten und im Lande Kanaan fand, für das Korn, das die Leute kauften. Und Josef lieferte das Geld in das Haus des Pharao ab. Als nun im Lande Ägypten und im Lande Kanaan das Geld ausgegangen war, kamen alle Ägypter zu Josef und sprachen: Verschaffe uns Brot! Warum lässest du uns vor deinen Augen sterben? Denn das Geld ist zu Ende. Josef sprach: Gebt euer Vieh her, so will ich euch Brot dafür geben, wenn das Geld zu Ende ist. Da brachten sie dem Josef ihr Vieh, und er

* Lange sind die Chronisten mit sich zu Rate gegangen, ob sie dem geneigten Leser dieses »Sternchen« zumuten können. Ihre Chronistenpflicht über alles stellend, tun sie es. Es versteht sich von selbst, daß ihnen Schleichwerbung völlig fern liegt, weshalb sie es denn auch vorziehen, gleich mit hochgeklapptem Visier zu werben: Und zwar für ein Buch mit dem zweifelsohne nicht zu überbietenden Titel »Sokrates für Manager«. Die Autoren sind uns bestens bekannt. Wir verweisen auf das Deckblatt dieses Buches.

gab ihnen Brot dafür, für die Pferde, die Schafherden, die Rinderherden und die Esel. So versorgte er sie in jenem Jahr mit Brot um den Preis all ihres Viehs«.

Aber damit ist noch keineswegs das Ende der Krise in Sicht. Manche Krisen dauern eben etwas länger (eine Aussage, die auch für uns nicht so ganz neu ist):

»Als dieses Jahr verflossen war, kamen sie im zweiten Jahr wieder und sprachen zu ihm: Wir können es unserem Herrn nicht verhehlen: Das Geld ist zu Ende. Auch die Viehherden gehören unserem Herrn; so bleibt denn zur Verfügung unseres Herrn nichts mehr als unser Leib und unser Feld. Warum sollen wir vor deinen Augen zugrunde gehen, wir und unser Feld? Kaufe uns und unser Feld um Brot, so wollen wir samt unserem Feld dem Pharao dienstbar werden. Gib uns Saatgut, daß wir am Leben bleiben und nicht sterben und das Feld nicht veröde. So kaufte Josef für den Pharao alles Ackerland in Ägypten auf; denn die Ägypter verkauften ein jeder seinen Acker, weil die Hungersnot sie hart drückte, und so ward das Land Eigentum des Pharao. Das Volk aber machte er ihm dienstbar von einem Ende Ägyptens bis zum anderen«.

Und noch immer ist das Austerity-Programm nicht zu Ende. (Dem verehrten Leser hätten wir es so sehr gewünscht):

»Und Josef sprach zum Volke: Damit habe ich euch und euer Ackerland heute für den Pharao gekauft; da habt ihr Saatgut, nun besät das Feld«.

Profit aber muß sein; deshalb fordert Finanzminister Josef:

»Aber vom Ertrage müßt ihr dem Pharao den Fünften geben; die anderen vier Teile sollen euer sein, das Feld zu besäen und damit ihr zu essen habt samt euren Hausgenossen und euren Kindern«.

Einsichtsvolle Steuerzahler, die sie damals aus der Not heraus waren, reagieren sie dementsprechend:

»Du hast uns das Leben erhalten; wenn wir nur Gnade finden vor unserem Herrn, so wollen wir gerne dem Pharao dienstbar sein«.

Was für eine Reaktion auf ein Notstandsprogramm! Not lehrt offensichtlich nicht nur beten! Sondern auch Vernunft? Warten wir's ab: Die nächste Not kommt ganz bestimmt!

Alles geht einmal zu Ende

Dieses Gosen muß wirklich ein wahres Schlaraffenland gewesen sein.

Herr Moses, in seiner Eigenschaft als Gourmet-Spezialist, kennt sich auf diesem Felde bestens aus, was nicht zuletzt an den ausgezeichneten Feldern gelegen haben dürfte, die von verschwenderischer Fülle mit ihren Reichtümern strotzten. Kürbisse, Melonen, Zwiebeln, Lauch und Knoblauch[5] und natürlich Fleisch in rauhen Mengen, soviel man wollte, ganz zu schweigen von Brot und derlei Dingen.

5 Siehe 4. Moses 11, 4-5, 18

Die Ausführungen unseres verehrten Chef-Chronisten werden auf eindrucksvolle Weise durch den Brief eines damaligen »Pennälers« an seinen Lehrer bestätigt[6]. Wenn Sie es gestatten, erlauben wir uns, Ihnen einen Ausschnitt zu präsentieren. Es ist nicht ausgeschlossen – deshalb sagen wir es Ihnen vorher – daß Sie Appetit bekommen. Für den Fall, wünschen wir Ihnen einen guten.

> Die »Teiche sind voll von Fischen, die Lagunen sind mit Vögeln bevölkert, die Wiesenflächen mit grünem Grase bedeckt, und das Obst hat den Geschmack des Honigs auf den bebauten Feldern. Die Vorratshäuser sind voll von Gerste und Getreide; sie ragen bis zum Himmel empor. Es gibt Zwiebeln und Schnittlauch für die Speisen, auch Granatäpfel, Äpfel, Oliven und Feigen aus den Obstgärten. Süßen Wein von Kenkeme, der wohlschmeckender ist als Honig . . .«

Na, haben wir zuviel versprochen? Erinnert stark an die paradiesischen Lande, nicht?

Ach ja, das waren noch Zeiten! Doch weg mit den nostalgischen Gedanken. Haben wir denn noch immer nicht damit angefangen, unsere Vergangenheit zu bewältigen? Wie lange wird denn das noch dauern? Wenn das so weitergeht, finden wir nicht nur den Anschluß an Moses, sondern auch an die Zukunft nicht.

»Also«, damit wir zumindest den Anschluß an die Vergangenheit wiederfinden:

> »blieb Israel (d. i. Jakob) im Lande Ägypten, im Lande Gosen; und sie setzten sich darin fest und «(damit das ganze auch »Hand und Fuß« hat)» mehrten sich und wurden zahlreich«.

Jakob scheint der Aufenthalt ausgesprochen gut getan zu haben, er, der bei seiner Abreise aus Kanaan keinen ganz taufrischen Eindruck mehr machte, wirkt hier frisch wie eh und je mit seinen 130 Jahren. Erst als er auf die 50, die 150 wohlgemerkt, zugeht und die Midlife-Crisis gut hinter sich gebracht hat, geht's mit ihm bergab, aber dann auch rapide.

Sein Wunsch, den Josef ihm »beschwören« muß: In Heimaterde begraben zu werden, dort, wo Lea, Isaak und Rebekka, Abraham und Sarai ruhen, mit anderen Worten: In Machpela.

Nachdem er alles so geregelt, kann er »in Ruhe« krank werden, so krank, daß es aller Wahrscheinlichkeit nach die letzte Krankheit ist . . . und es Zeit für den Segen wird, den Jakob zuerst seinen Enkeln Manasse und Ephraim, den Söhnen Josefs, erteilt.

Selbst auf dem Totenbett bleibt Jakob, der er immer war: Ein filou, erteilt er doch dem Jüngeren, statt dem Älteren, wie es sich gehört, zuerst den Segen. Um eine Erklärung ist er nicht verlegen, denn der »jüngere Bruder

6 Aus einem Papyrus-Brief des Schülers Pai-Bes an seinen Lehrer Amen-em-Opet, etwa z.Zt. des Aufenthalts der Kinder Israels in Ägypten.

wird größer sein und sein Geschlecht wird eine Menge von Völkern werden«. Da kann selbst Josef nichts mehr sagen!

Die anderen bekommen natürlich auch ihren Segen und manch guten Tip für die Zukunft (Weissagung nennt man das heute wohl) mit auf den Weg.

»Als Vorzug vor den Brüdern« bekommt Josef noch ein schönes Stück Land, genauer, einen schönen Bergrücken (d. i. Sichem), den Jakob einst mit Schwert und Bogen den Amoritern abgeknöpft hat.

> »Als nun Jakob seinen Söhnen alle diese Weisungen gegeben hatte, zog er seine Füße auf das Bett zurück, verschied und ward versammelt zu seinen Stammesgenossen«.

Wie in Ägypten üblich, wird der Tote einbalsamiert, eine Prozedur von 40 Tagen plus 70 Tagen Beweinung . . . ganz schön, was? Tja, damals verstand man noch zu trauern, heute versteht man . . . zu vergessen.

Wie es des Vaters Wunsch, wird der Tote in der Heimat und im heimatlichen Ritus bestattet.

Die einzigen, die neben der Trauer noch für anderes Raum haben, sind Josefs Brüder, die nach des Vaters Tod befürchten, daß Josef andere Saiten aufziehen könnte.

Ihr braucht euch darüber keine Gedanken zu machen, Jungens, ihr wißt doch, Josef ist nicht so!

Seht ihr, wir haben euch nicht zuviel versprochen.

Bist schon ein feiner Kerl, Josef, kommst eben ganz auf deinen Urgroßvater Abraham, der war auch schwer in Ordnung!

Von Chef-Chronologe Moses erfahren wir, daß du es immerhin auch auf 110 Jahre gebracht hast, beachtlich . . . und vertraut: Denn 110 Jahre ist auch für uns zur Not noch ein Alter, das man sich vorstellen kann; was nicht heißt, daß wir es uns vorstellen können.

Das Schlußwort soll, wie es sich gebührt, Herr Moses haben. Bitte, Herr Moses, sprechen Sie:

> »Darnach starb Josef, 110 Jahre alt; und man balsamierte ihn ein und legte ihn in Ägypten in einen Sarg».

Vielen Dank, Herr Moses, für Ihre freundlichen Abschiedsworte! Da wir gerade von »danken« reden, bei der Gelegenheit, Herr Moses, möchten wir Ihnen dafür danken (Sie sehen, wir haben etwas gelernt!), daß Sie uns die ganze Zeit über ohne Anzeichen der Übermüdung oder Ungeduld begleitet und geführt haben. Jetzt haben Sie sich erst einmal eine Ruhepause, nun, wir wollen nicht kleinlich sein (Sie waren es auch nicht!) von, sagen wir . . . 400 Jahren verdient, solange, bis die Kinder Israels es »satt« haben und mit Vehemenz den Exodus verlangen, Ihr zweites Hauptwerk, wenn wir uns recht erinnern!

Ehrlich gesagt, sind auch die Chronisten froh, eine 400jährige Pause machen zu dürfen.* Unter uns, wir können sie brauchen, nach all den . . . Äpfeln, die auch an uns nicht spurlos vorübergegangen sind. Wir bitten um Vergebung, aber wir leiden zur Zeit, nach all dem Durcheinander von Neid, Eifersucht, Zank, Haß, Streit etc. etwas an . . . Durchfall . . .

Wenn man das alles Revue passieren läßt . . . wie aus einem kleinen Äpfelchen Berge von Äpfeln werden, sich zu Lawinen häufen und sich in großen Eklats à la Sintflut, à la Sodom und Gomorrha lösen . . . und die Wurzel allen Übels seit eh und je das Unkraut Egoismus ist, dann möchte man schon ein wenig traurig und nachdenklich werden . . .

Wer weiß, vielleicht gibt es auch heute eine Lawine . . .

Schon möglich . . . doch eines vermag sie nicht, auch wenn sie es noch so sehr versucht, das auszulöschen, was heute, morgen und übermorgen gelten wird:

». . . der Herr ist gütig;
ewig währt seine Gnade
und seine Treue von Geschlecht zu Geschlecht«.[7]

Gott sei Dank!

7 Ps. 100, 5.

* Auch den zweiten Stern dieses Buches haben sich die Autoren nicht leicht gemacht. Jetzt legen sie – wie gesagt – erst einmal eine Pause ein. Ob es eine 400jährige oder vielleicht auch etwas kürzere wird, das hängt natürlich auch von Ihnen, verehrter Leser, ab. Wir sagen jedenfalls: Es war uns ein Vergnügen.

Anhang

Quellen:

Die Zürcher Bibel, Zürich 1942

Cornfeld, G. und Botterweck, G.J., dtv-Lexikon, Die Bibel und ihre Welt, Enzyklopädie in 6 Bden, München 1972.

Frör, K., Biblische Hermeneutik, München 1964[2]

Herodot, Historien, Buch I; Übers. A. Horneffer, Stuttgart 1955

Keller, W., Und die Bibel hat doch Recht, Düsseldorf 1955

Rad v.G., Theologie des Alten Testaments, München 1966[5]

Sellin, E. und Fohrer. G., Einleitung in das Alte Testament, Heidelberg 1965[10]

Inge und Siegfried Starck

SOKRATES FÜR MANAGER

Goldene Regeln für Manager und alle, die es sein wollen.

Format 13,0 x 20,5 cm, Umfang 120 Seiten,
ganzleinen gebunden,
mit 2-farbigem Schutzumschlag.

Schon die Philosophen, Schriftsteller und Staatsführer der Antike kannten Management-Probleme – nur nannte man es damals anders. Ihre Lebensweisheit und Lebenserfahrung haben gerade heute wieder einen ungemein aktuellen Wert. Hier wird auf vergnügliche Weise darbeboten, was Jahrtausende überdauert hat.